Goethe

Dieu et le Monde

précédé de

Goethe franc-maçon

PAR HENRI JEAN BOLLE

GOETHE
FRANC-MAÇON

Avant-propos

En cette année 1932[1], l'Allemagne célèbre le centenaire de la mort de son plus grand poète: Johann Wolfgang Goethe. Et le monde littéraire entier s'associe à elle, car Goethe fut un de ces hommes qui dépassèrent le cadre étroit de leur nation pour apporter à l'humanité les nourritures spirituelles que leur génie fit mûrir.

Sans doute, les francs-maçons n'oublieront-ils pas cet anniversaire, puisque Goethe fut un des leurs. Pendant cinquante-deux ans, il fit partie de l'alliance maçonnique à laquelle il donna maint témoignage de son attachement et qui, à son tour, sut tirer de son œuvre de précieux enrichissements.

Dans la seconde moitié du XVIIIᵉ siècle et au début du XIXᵉ, cette magnifique époque où naquirent les grandes idées dont notre libéralisme contemporain est nourri, ils furent nombreux, les grands esprits qui eurent à cœur de se faire recevoir dans les loges maçonniques. Dans ces cercles fermés, ils trouvaient ce que le monde ne leur pouvait pas encore donner: la liberté.

La franc-maçonnerie a le culte de la dignité humaine; c'est autour de ce respect de l'homme que gravitent sa philosophie et son enseignement; ce respect de l'homme est le point de départ de son activité philanthropique et des efforts que, depuis plus de deux siècles, elle accomplit pour le développement spirituel, moral et social de l'individu et des collectivités. C'est dans le secret des loges, tout naturellement, que les idées de liberté, d'égalité, de fraternité humaines furent cultivées jusqu'au jour où elles triomphèrent dans les états.

La libération des esprits que le XVIIIᵉ siècle apporta à de nombreux pays —aux États-Unis, à l'Allemagne, à la Suisse, à la France, à l'Autriche notamment— est étroitement liée à l'histoire de la franc-maçonnerie; celle-ci en fut une des principales auxiliaires, —sinon l'initiatrice. La franc-maçonnerie réussit le miracle (car c'en était un véritablement, à cette

---

[1] Cet ouvrage a paru pour la première fois à Genève, aux Éditions du Triangle, en 1932 (NDE).

4

époque) de réunir dans ses loges des nobles, des prélats et des bourgeois qui s'appelèrent du nom de frère et se parlèrent d'égal à égal.

Il n'est pas étonnant, dès lors, que tant de grands hommes épris de liberté de pensée et de justice sociale aient été attirés vers les loges ; ils y trouvèrent à la fois des compagnons fidèles et un champ d'action où ils purent travailler en toute sécurité à l'achèvement du grand œuvre que leurs cœurs généreux avaient conçu.

Pour ne citer que quelques-uns des plus illustres : aux États-Unis, Benjamin Franklin, George Washington, James Otis, Alexandre Hamilton ; Bolivar, le libérateur des colonies espagnoles, dans l'Amérique du Sud ; en France, Condorcet, Chamfort, Montesquieu, Mirabeau, Lafayette, Voltaire, Lalande ; en Allemagne, Goethe, Lessing, Herder, Wieland, Fichte, Frédéric le Grand ; en Autriche, Mozart, Haydn, le baron de Sonnenfels ; en Suisse, Dietheim Lavater, Heinrich Zschokke.

Leur œuvre, qu'elle soit politique, sociale, littéraire, est empreinte d'un esprit très voisin de celui de la franc-maçonnerie de leur temps ; dans nombre de cas, elle en est l'expression la plus parfaite qui se puisse concevoir. Goethe fut le contemporain de ces hommes auxquels la civilisation moderne doit de grandes choses ; lui aussi, il nous laissa un héritage dont nous sommes encore loin d'avoir épuisé les richesses.

Nous avons cherché à comprendre la personnalité et l'œuvre de Goethe du point de vue de l'idée maçonnique, en situant le poète et le penseur dans cette atmosphère si particulière du XVIIIe siècle et du début du XIXe ; nous avons tenté de montrer comment il sut, dans la franc-maçonnerie et parallèlement à elle, devenir un des initiateurs de cette pensée nouvelle, libérale et humanitaire, dont se réclament à la fois les esprits contemporains et la franc-maçonnerie. Et en même temps, nous avons voulu rendre hommage à celui qui mourut il y a un siècle après avoir consacré sa vie au culte de la vérité, de la beauté et de la dignité humaine.

H.J.B.

I

GOETHE ET LA LOGE MAÇONNIQUE DE ZURICH

En 1779, Johann Wolfgang Goethe, conseiller secret à la cour du duc Charles-Auguste de Weimar, faisait un voyage de trois mois en Suisse qui, selon ses propres dires, fut une des plus heureuses périodes de sa vie. La beauté de ce pays fit une grande impression sur son âme d'artiste; c'est avec admiration qu'il parle du Lac Léman et des Alpes de Savoie qui, majestueuses et couronnées de neiges éternelles, en ferment l'horizon. Zurich, où il demeura une quinzaine de jours, ne l'enchanta pas moins; de la chambre qu'il occupait à l'Hôtel de l'Épée (sis à l'entrée de l'actuel Pont de l'Hôtel de Ville), sa vue s'étendait sur le lac et les montagnes lointaines, tandis qu'à ses pieds coulaient les eaux lentes et bleues de la Limmat. Et le poète, qui savait goûter aussi les agréments matériels de la vie, note avec soin dans une lettre à l'Oberstallmeister von Stein: «que le manger y est excellent, que les lits y sont confortables et que l'on y jouit de tout ce que de nobles chevaliers peuvent souhaiter dans un château enchanté».

Ce n'était pas la première fois que Goethe voyageait en Suisse. En 1775 déjà, il avait passé quelque temps à Zurich en compagnie des comtes Frédéric-Léopold et Christian von Stolberg et du baron von Haugwitz; il avait eu l'occasion de faire la connaissance de quelques Zurichois éminents, entre autres du célèbre pasteur et physiognomoniste Johann Caspar Lavater. Quatre années plus tard, il se retrouva avec plaisir dans cette cité hospitalière qui, bien qu'elle fût avant tout une ville d'industrie et de commerce, faisait bon accueil aux grands esprits.

Cette fois, Goethe voyageait en compagnie du duc de Weimar et de sa suite. Ils entrèrent à Bâle, traversèrent le Jura, visitèrent l'Ile de Saint-Pierre sur le Lac de Bienne, allèrent à Berne, puis dans l'Oberland bernois, à Lausanne, à Genève, à Chamonix; au retour, ils remontèrent le Valais, franchirent le col de la Furka et le Saint-Gothard, descendirent la vallée de la Reuss, traversèrent Lucerne pour s'arrêter enfin à Zurich après trois mois de voyages gaiement accomplis.

Il paraît certain que ce contact étroit avec la nature qui à une époque ignorant les routes automobiles, les funiculaires et les palaces était encore pleine de grandeur sauvage a exercé une grande influence sur le jeune poète. Il était alors âgé de trente ans, —l'âge magnifique où l'esprit s'ouvre largement à toutes les impressions et amasse les trésors que la vie lui offre et dont il fait les fondements de son activité future. Et le critique n'a aucune peine à retrouver dans l'œuvre pourtant si vaste et si variée de Goethe les traces de son séjour au milieu des splendeurs du paysage suisse.

Mais c'est à un autre point de vue encore —et c'est celui-ci qui nous intéresse dans cette étude— que le voyage de Goethe en Suisse, et plus particulièrement son séjour à Zurich, eut une influence décisive sur sa vie et sur la formation de son esprit.

Dans cette ville, Goethe fit la connaissance de quelques hommes de grande valeur, francs-maçons pour la plupart et comme lui épris de grandes idées. Un heureux concours de circonstances le mit en rapports étroits avec eux durant les quinze jours qu'il passa à Zurich. L'Hôtel de l'Épée, où la noble compagnie avait pris logement, était le lieu de réunion de la loge maçonnique «Zur Bescheidenheit und Freiheit» qui avait été fondée sept ans auparavant; une fois par semaine, ses membres s'y réunissaient, soit pour y travailler selon les rites anciens, soit pour y discuter, dans un esprit de fraternelle courtoisie, les grandes questions de l'heure. Le propriétaire de l'hôtel, Antonius Ott, était franc-maçon; il occupait la charge de trésorier de la loge.

On imagine l'agréable surprise de Goethe, quand il y rencontra par hasard d'anciennes connaissances et qu'il apprit la raison de leur présence à l'Hôtel de l'Épée. Il y retrouva le médecin Diethelm Lavater qu'il avait connu lorsqu'il faisait ses études à Leipzig et qui maintenant présidait la loge zurichoise; le musicien Philipp Christoph Kayser avec lequel il avait vécu à Francfort; enfin, le peintre Georg Friedrich Schmoll qui avait accompagné Johann Caspar Lavater en qualité de dessinateur dans cette même ville où il avait fait la connaissance de Goethe. Dans les cercles de l'Hôtel de l'Épée, Goethe se lia en outre avec le franc-maçon Salomon Landolt; c'était un des esprits les plus avertis de son temps et Goethe le tint en fort grande estime.

D'autre part, Goethe était l'objet de la sympathie générale des milieux qu'il semble avoir fréquentés assidûment pendant son séjour à Zurich. La situation qu'il occupait à la cour du duc de Weimar, les liens d'amitié qui l'attachaient à ce prince très cultivé, l'œuvre par laquelle s'annonçait déjà son génie, sa conversation à la fois spirituelle et profonde, la générosité de ses idées séduisirent ses interlocuteurs, et cela d'autant plus que dans la seconde moitié du XVIIIᵉ siècle les francs-maçons zurichois cultivaient fort cet esprit de liberté, de tolérance et de justice sociale et politique qui annonçait la proche victoire des Droits de l'Homme. Les membres de la loge «Zur Bescheidenheit und Freiheit» reconnurent en Goethe un esprit très voisin du leur; et ils ne durent guère lui cacher cette parenté spirituelle ni envelopper d'un trop grand mystère les buts que poursuivait leur société.

Non seulement à Zurich, mais encore à Bâle, les francs-maçons se préoccupaient de la personne de Goethe. Ainsi le conseiller de la ville Andreas Buxtorf, membre très influent de la loge bâloise, écrivait déjà en 1775 à Diethelm Lavater:

«M. Goethe est-il également maçon? —J'en doute. Ce n'est pas un maçon qui écrivit le *Werther.*»

Et, lors du second séjour de Goethe en Suisse:

«Récemment Goethe était ici eu compagnie du duc. Ils sont allés ensuite à Zurich; tu les auras certainement vus. Est-il maçon, lui aussi? Ou bien l'est-il devenu tout récemment?»

Sans doute, Buxtorf se demande-t-il là si la loge zurichoise a initié Goethe lors de son passage à Zurich. Il n'y aurait eu rien de surprenant à cela, car à cette époque on voyait fréquemment des loges procéder à l'initiation d'étrangers de marque, encore qu'ils ne fussent que de passage dans la ville. C'est ainsi que la loge de Zurich avait reçu franc-maçon le poète allemand Maximilian Klinger lors d'un bref séjour qu'il fit dans cette ville en 1779.

Non, Goethe n'était pas franc-maçon. Mais à vrai dire, il ne devait guère ignorer grand'chose de la nature, des buts et des usages de cette alliance maçonnique dont il s'était déjà préoccupé. En effet, quatre ans auparavant, en 1775, alors qu'il habitait Francfort, il avait été invité à solliciter son initiation. C'était l'époque de ses fiançailles avec Lili Schönemann, la jolie et très coquette fille du banquier Johann Wolfgang Schönemann. Celui-ci avait pris une part active à la fondation de la loge de Francfort «Zur Einigkeit» en 1742 à laquelle appartenait aussi son fils Jean-Noé; de même, quelques membres de la famille maternelle de Lii Schinemann étaient francs-maçons. Cependant, bien qu'il estimât fort ces personnes qu'il fréquentait assidûment, Goethe ne put se décider à faire les démarches nécessaires à son initiation. Agé de 26 ans, ayant terminé ses études de droit et échappé à une activité professionnelle qui ne le passionnait guère (il s'était inscrit au barreau de Francfort), déjà célèbre par la publication de son *Götz von Berlichingen* et de son *Werther*, il était avant tout épris de liberté et craignait par trop d'en aliéner une part en entrant dans la franc-maçonnerie. Ce même amour farouche de l'indépendance le porta d'ailleurs à rompre ses fiançailles avec Lili Schönemann; c'est à cette époque qu'il écrivit dans son drame *Stella* ces paroles révélatrices de son état d'esprit, peu apte à se plier à la contrainte, si douce fût-elle :

«Ce serait folie que de me laisser enchaîner. Cet état (le mariage) étouffe toutes mes forces, il arrache le courage de mon âme, il m'est une prison étroite. Il faut que je m'en aille loin dans le libre monde.»

Et il partit dans le libre monde. Ce fut son premier voyage en Suisse, où il oublia pour quelque temps la franc-maçonnerie et tenta de se détacher de Lili. Werther, l'amant désespéré qui préfère la mort à la contrainte du destin, ne pouvait pas encore se lier, ni par le serment du mariage, ni par celui de l'initiation.

Cependant, bien des années plus tard, Goethe reconnut son erreur, sa double erreur : il avoua n'avoir aimé aucune femme autant que Lili Schönemann; et quant à l'invitation qui lui fut faite par les francs-maçons de Francfort, il écrivit dans Dichtung und Wahrheit ceci :

«Même la loge maçonnique de Francfort, respectable et solidement fondée, dont j'avais connu les membres les plus distingués, grâce à ma liaison avec Lili, m'invita discrètement à m'unir à elle. Mais dans un sentiment d'indépendance, qui plus tard m'apparut comme une folie, je repoussai tout attachement plus étroit et ne vis pas que ces hommes, bien que liés entre eux dans un sens très élevé, eussent pu être pour moi d'un commerce fort utile, leurs buts étant si voisins des miens.»

Tels furent les premiers rapports de Goethe avec la franc-maçonnerie. Cependant, les années qui suivirent —si fertiles pour son développement intellectuel et moral (c'est l'époque des premiers travaux au Faust)— lui firent comprendre qu'il est une sorte d'attachement conciliable avec la plus grande indépendance, un attachement qui, tout paradoxal que cela paraisse, conduit à la plus haute liberté intérieure qui soit : c'est ce lien fraternel que quelques hommes élus nouent librement entre eux et qui apparaît à ceux qui savent en saisir la très profonde, ésotérique signification comme le symbole même de la vie, faite, elle aussi, d'un lien invisible entre toutes les créatures.

Mais pour apercevoir ce lien mystérieux derrière les apparences souvent trompeuses que nécessairement il prend dans le monde des réalités sociales, il faut une grande maturité de l'esprit. Goethe l'acquit; et l'ayant acquise, il devint franc-maçon sans plus s'imposer la plus légère contrainte.

Près d'un demi-siècle plus tard, Goethe résuma cette intime expérience, cette profonde intuition dans les paroles suivantes qu'il prononça au cours d'un entretien avec Eckermann:

«L'homme ne devient véritablement homme que par ses liens avec l'humanité. Et il ne sera heureux et ne connaîtra la joie que lorsqu'il aura le courage de se sentir dans l'ensemble de la création.»

N'est-ce point là l'expression la plus saisissante de l'essence même de cette chaîne d'union, universelle et fraternelle, vers laquelle tendent les efforts de la franc-maçonnerie?

II

L'INITIATION DE JOHANN WOLFGANG GOETHE

L'on ne se trompera guère en affirmant que c'est à Zurich que Goethe conçut le plan de se faire initier aux mystères de la franc-maçonnerie. Mais ce n'est pas à la loge zurichoise qu'il s'adressa ; pour ce faire, il attendit son retour à Weimar.

Dans cette ville, la loge maçonnique « Amalia zu den drei Rosen » avait été fondée le 24 octobre 1764 ; comme son nom l'indique, elle était placée sous la protection particulière de la duchesse Anna-Amalia. Cette princesse à l'esprit large, très cultivée et éprise de beaux-arts et de sciences, ne cachait pas sa sympathie pour la franc-maçonnerie qui était en quelque sorte de tradition dans sa famille. Déjà son père, le duc Charles de Brunswick, avait été un ami sincère de l'ordre ; son frère aîné, Ferdinand (1721-1792), beau-frère de Frédéric le Grand (qui fut franc-maçon, lui aussi), était grand-maître des loges écossaises de l'Allemagne du nord ; un autre frère, Frédéric-Auguste (1740-1805), s'était également fait le protecteur de la franc-maçonnerie qui lui avait conféré le titre de « socius, amicus et autor ordinis » ; enfin son frère cadet, Léopold, né en 1752, occupait la charge de Maître en chaire de la loge « Zum aufrichtigen Herzen » à Francfort sur l'Odre, était en outre membre de l'Ordre des Templiers et mourut en 1785, victime du dévouement dont il fit preuve lors de l'inondation de cette ville. De plus, la duchesse de Weimar tenait en grande estime son conseiller Jakob-Friedrich von Fritsch, Vénérable Maître de la loge de Weimar. La majorité des membres de celle-ci étaient des personnalités fort en vue dans la ville et à la cour.

C'est donc au conseiller von Fritsch, son supérieur direct dans ses occupations à la cour, que Goethe devait adresser sa demande d'initiation. Il semble que ces deux hommes ne vivaient pas dans les termes les meilleurs ; la nature ardente du jeune poète ne s'accordait guère avec l'esprit pondéré de cet homme de cinquante ans, douloureusement atteint d'une maladie des yeux et qui, peut-être, ne voyait pas d'un œil trop favorable la rapide fortune de son subordonné dont l'influence auprès du duc Charles-Auguste allait sans cesse grandissant.

Cependant, Goethe n'hésita pas longtemps. De Zurich, par une lettre datée du 30 novembre 1779, il prépara son entrée en matière :

«En ce qui me concerne, écrivit-il, je puis considérer cette période (il s'agit de son voyage en Suisse en compagnie du duc) comme une des plus heureuses de ma vie ; et si lors de mon retour je retrouve Votre Excellence dans les mêmes dispositions aimables à mon égard, je n'aurai pour l'instant rien d'autre à souhaiter.»

Fort de ses appuis dans les milieux de la cour, fort sans doute aussi de l'amitié qui le liait aux membres de la loge zurichoise, Goethe adressa le 13 février 1780 sa demande formelle au Maître de la loge von Fritsch :

«Je prends la liberté d'importuner Votre Excellence par une requête : je désire depuis longtemps faire partie de la société des francs-maçons, et ce désir s'est beaucoup accru depuis mon dernier voyage en Suisse. Seule cette qualité de franc-maçon m'a empêché de nouer des liens plus intimes avec certaines personnes que j'ai appris à estimer ; et c'est ce sentiment-là qui me porte à solliciter mon admission.»

Cette demande d'initiation fut transmise par circulaire aux membres de la loge ; et comme nulle opposition ne se produisit (sans doute espérait-on que Goethe saurait à son tour gagner le duc Charles-Auguste à la franc-maçonnerie), la réception solennelle fut fixée au 23 juin de cette même année.

En l'absence du Vénérable Maître, la cérémonie de l'initiation fut présidée par Johann-Joachim Bode, l'ami de Lessing qui devait bientôt jouer un rôle de premier plan dans la réorganisation de la franc-maçonnerie. Voici ce que dit le procès-verbal de cette séance :

«Les frères von Lynker et von Fritsch junior, qui s'étaient chargés de la préparation du candidat, témoignèrent du zèle de celui-ci et de son désir ardent d'être reçu dans l'ordre. Il fut introduit selon le rite accoutumé. Il s'appelle Johann Wolfgang Goethe, est âgé de 30 ans, de religion luthérienne, né à Francfort sur le Mein ; il est conseiller secret à la cour ducale et domicilié principalement à Weimar. »

Ce fragment du procès-verbal, conservé aux archives de la loge de Weimar, réduit à néant la tradition selon laquelle Goethe aurait été dispensé de subir les épreuves symboliques. La loge n'aurait eu d'ailleurs aucune raison d'agir de la sorte, puisqu'aux termes d'autres procès-verbaux nous savons qu'elle n'hésita pas à soumettre à ces formalités des candidats fort avancés en âge et appartenant à la plus haute noblesse.

Le lendemain de l'initiation de Goethe, la loge « Amalia » célébra selon les rites anciens la Saint-Jean d'Eté, de nouveau sous la présidence de Bode ; cette fête fut suivie d'une loge de table. Le même jour, le poète écrivit à sa grande amie Charlotte von Stein le billet suivant :

« Un cadeau, humble dans son apparence, vous attend lorsque vous serez de retour ; mais il a ceci de particulier que je ne puis le faire qu'à une seule femme et qu'une seule fois dans ma vie. »

Il n'est pas difficile de deviner la nature de ce cadeau. Un ancien usage de la franc-maçonnerie veut que, lors de son initiation, une paire de gants de dame blancs soit remise au nouveau frère avec la mission de les offrir « à la femme qu'il estime le plus ». Par ce geste, la loge entend exprimer son estime pour la femme à laquelle cependant, pour certaines raisons, elle n'accorde pas l'entrée du temple.

Or, madame von Stein exerçait une profonde influence sur l'activité de Goethe ; elle était pour lui l'amie pleine de compréhension et de dévouement à laquelle il pouvait, lui si réservé à l'égard d'autres personnes, s'entretenir de tout ce qui le préoccupait. Elle était l'amie idéale et la consolatrice exquise qui sans cesse stimulait son ardeur créatrice. « Elle est sans aucune prétention, écrit Knebel, le précepteur du frère cadet de Charles-Auguste, libre, naturelle, sans lourdeur et sans trop de légèreté, sans enthousiasme, mais pourtant pleine de chaleur d'esprit, cultivée et pleine de tact. » C'est à elle que Goethe songeait, lorsqu'il écrivit ces vers :

> Kanntest jeden Zug in meinem Herzen,
> Spähtest, wie die reinste Nerve klingt,
> Konntest mich mit *einem* Blicke lesen,
> Den so schwer ein sterblich Aug durchdringt ;

Tropftest Mäßigung dem heißen Blute,
Richtetest den wilden, irren Lauf,
Und in deinen Engelsarmen ruhte
Die zerstirte Brust sich wieder auf.

Et plus tard encore, dans sa belle élégie de Marienbad, il dit une fois de plus ce que fut pour lui cette femme qu'il aima de l'amour le plus pur :

Denn was der Mensch in seinen Erdenschranken
Von hohem Glück mit Götternamen nennt,
Die Harmonie der Treue, die kein Wanken,
Die Freundschaft, die nicht Zweifelssorge kennt;
Das Licht, das Weisen nur zu einsamen Gedanken,
Das Dichtern nur in schönen Bildern brennt,
Das hatt' ich all in meinen besten Stunden
In ihr entdeckt und es für mich gefunden.

Nulle femme, sans doute, n'était plus digne que Charlotte von Stein de devenir la gardienne des gants symboliques de Goethe.

Cependant, le 31 mars 1881, l'apprenti franc-maçon Goethe s'adressait au Maître de sa loge en le priant de bien vouloir hâter sa réception au grade de compagnon et, si possible, à celui de maître : « Tout en me soumettant entièrement aux règles inconnues de l'ordre, écrivait-il, je désirerais fort, pour autant que les lois le permettent, faire de nouveaux pas, afin de me rapprocher de l'essentiel. » Mais les désirs de Goethe ne furent pas exaucés aussi promptement qu'il l'espérait. Le 24 juin, il fut passé compagnon ; la veille, il avait écrit une nouvelle lettre au Vénérable Maître von Fritsch, dans laquelle, tout en déclarant se contenter pour le lendemain du deuxième grade, il le priait d'intervenir auprès des supérieurs de l'ordre afin d'obtenir une dispense pour son élévation à la maîtrise avant l'écoulement des délais prescrits.

Entre temps, le duc Charles-Auguste de Weimar avait sollicité son initiation et la loge l'avait reçu apprenti franc-maçon le 5 février 1782 en présence du duc de Gotha et du prince Auguste ; les procès-verbaux mentionnent que le néophyte, introduit avec toute la solennité que commandait son rang, n'hésita pas à se soumettre à tous les rites coutumiers en pareille circonstance. Cependant, on ne pouvait pas décemment laisser par trop longtemps cet auguste frère dans le premier grade ; aussi le 2 mars de la même année fut-il passé compagnon et reçu maître ; au cours de la même cérémonie, Goethe fut également initié aux secrets du troisième grade.

La maîtrise, dont il se promettait tant de choses, le rapprocha-t-elle de ce qu'il attendait avec une si grande impatience ? La maîtrise lui révéla-t-elle cet « essentiel » dont il avait parlé dans sa lettre au Vénérable Maître von Fritsch ?

Lors de cette mémorable réception au troisième grade, le Maître de la loge, conscient du désir des nouveaux maîtres « de devenir des adeptes achevés de ce que nous appelons l'Art Royal et d'obtenir certaines lumières sur les choses qui, jusqu'à présent, ne s'étaient présentées que fort voilées à leur esprit », leur fit un exposé de la nature et des buts de la franc-maçonnerie, — tout en avouant préalablement que son devoir lui interdisait de s'étendre sur ce que communément on appelait le secret de l'ordre :

« Ce qui est à proprement parler le but de l'ordre, ce qui est le véritable but parmi les nombreux desseins qui lui sont prêtés de part et d'autre — la réponse à cette question n'est point si facile à faire. Sans prétendre décider laquelle des opinions en présence est la bonne, je crois pouvoir déclarer ceci : plus un but est noble, plus il est utile à la collectivité, plus il est humain — plus ce but-là mérite de devenir le but de la franc-maçonnerie — à moins qu'il ne le soit déjà… Or, je ne connais pas de but plus noble, pas de but plus digne de l'homme pensant que celui qui consiste à faire de nous, dans la mesure où le permet la nature humaine, des hommes toujours plus utiles à la chose publique. »

Était-ce là vraiment tout ce que l'on pouvait connaître des derniers arcanes de la franc-maçonnerie ? Quels secrets les réticences du Vénérable Maître cachaient-elles ? Pourquoi tant de prudence, tant de précautions pour dire, en somme, des choses que tout esprit clairvoyant savait déjà ?

Ce sont d'autres révélations que sans doute les nouveaux maîtres de la loge de Weimar attendaient de leur chef ; or, celui-ci n'avait pas parlé des tendances contradictoires, des thèses nombreuses qui étaient défendues de part et d'autre dans la question des origines de la franc-maçonnerie. C'était là que l'on cherchait les derniers secrets de la franc-maçonnerie ; et dans tous les milieux maçonniques, l'on se passionnait pour ce problème historique. Goethe et ceux qui, avec lui, allaient être initiés au grade de maître croyaient que leur accession au grade suprême de la franc-maçonnerie symbolique leur donnerait le droit de partager cette connaissance avec les chefs de l'ordre. Il n'en fut rien cependant; le Vénérable Maître s'était enveloppé de silence; la maîtrise ne conférait point aux nouveaux initiés de science extraordinaire... Cet «essentiel», vers lequel se tendait l'esprit de Goethe, était apparemment encore ailleurs.

Et Goethe chercha ailleurs ce que le troisième grade ne paraissait pas pouvoir lui offrir. En effet, au mois de décembre de la même année, il fut promu au quatrième grade écossais de l'«Ordre intérieur» de la Stricte Observance, en même temps que le duc Charles-Auguste et le baron Hartmann von Witzleben. Les trois candidats durent, le jour même, signer une déclaration solennelle aux termes de laquelle ils s'engageaient à garder un silence rigoureux sur «la nature, les desseins et les occupations de l'Ordre dit intérieur ou supérieur».

Enfin, trois mois plus tard, le 11 février 1783, Goethe, sans doute inlassablement à la recherche de révélations initiatiques ou historiques, se faisait recevoir dans l'Ordre des Illuminés. Celui-ci avait été créé en 1776 par Adam Weishaupt, professeur à Ingolstadt, dans le but de réagir contre les pratiques magiques, alchimistes et spirites qui, à cette époque et un peu partout, gagnaient du terrain et n'épargnaient pas les loges maçonniques. C'est de ce même Ordre des Illuminés — pour ne citer que quelques-uns de ses plus illustres adeptes — que faisaient partie Schiller et Pestalozzi, probablement aussi le physiognomoniste zurichois Lavater. Cependant, Goethe, qui espérait y trouver une sorte de maçonnerie régénérée et purifiée, fut déçu et se sépara bientôt des Illuminés.

III

La franc-maçonnerie au XVIIIᵉ siècle

Pour comprendre l'impatience de Goethe, son ardeur à «se rapprocher de l'essentiel» —ainsi qu'il le dit dans une de ses lettres—, pour juger des déceptions qu'il connut, il est nécessaire de se rendre compte de l'état d'esprit très particulier qui en ce temps régnait dans la franc-maçonnerie. Quelle était l'essence de la maçonnerie? Il faut croire que la réponse à cette question n'était pas aussi simple qu'elle l'est aujourd'hui. La seconde moitié du XVIIIᵉ siècle est l'époque où naissent de nombreux systèmes de hauts grades qui, se superposant aux trois grades traditionnels de la franc-maçonnerie symbolique, sollicitent l'attention des francs-maçons et leur promettent des révélations plus ou moins sensationnelles. L'occultisme est en faveur sinon dans toutes les loges, du moins dans certains cercles supérieurs de la franc-maçonnerie; les spéculations théosophiques et cabalistiques sont la principale préoccupation de nombre de frères qui cherchent la pierre philosophale, l'élixir de vie et les secrets de ce monde et de l'autre; un enseignement très secret est donné dans quelques cénacles fermés au moyen de rites souvent plus compliqués que véritablement profonds et par des symboles qui, étant trop souvent créés arbitrairement par des inventeurs de rites, ne peuvent pas révéler grand'chose aux adeptes. Des théories multiples naissent sur l'origine de la franc-maçonnerie; les confréries de tailleurs de pierre du moyen âge sont jugées indignes d'être les ancêtres de l'ordre que l'on cherche à rattacher (par des légendes forgées de toutes pièces, par des traditions auxquelles on prête un caractère historique, voire par des faux plus ou moins adroits!) à tels mystères initiatiques de l'antiquité ou à telle société ésotérique des siècles passés: Esséniens, Templiers, Rose-Croix et autres. C'est la belle époque des «Supérieurs Inconnus» sur lesquels on se raconte des choses merveilleuses, l'époque des Frères Asiatiques et du grand mystère dont les hauts grades promettent la clé à de rares initiés. Quel rite, quel système possédait le mot de ce que l'on appelait communément le «secret maçonnique»? Chacun se l'attribuait généreusement; des deux côtés du Rhin, la situation était extrêmement embrouillée, — et d'habiles pêcheurs en eau trouble en faisaient leur profit au détriment des francs-maçons sincèrement épris de connaissance.

Il n'est pas étonnant que parfois les loges aient été bernées par quelques aigrefins qui surent, par leurs mystérieuses allures et leurs prétendues connaissances hermétiques, tromper des frères trop naïfs ou trop avides de science supraterrestre. D'ailleurs, l'hermétisme est un des domaines où il est le plus difficile de distinguer la recherche sincère et désintéressée de la mystification et de la charlatanerie. Les quelque vingt ou trente ans qui précédèrent la Révolution française sont pleins des exploits des innombrables aventuriers qui, allant de pays en pays, de cour en cour, surent amuser et gruger hardiment seigneurs et bourgeois, clercs et laïcs. Dans son livre sur Casanova, Stefan Zweig brosse un tableau très fin de cette époque où, entre la guerre de Sept Ans et la Révolution, les nombreuses cours de l'Europe, petites et grandes, s'ennuyaient mortellement et étaient tout heureuses d'accueillir pour quelque temps ces aventuriers quitte à se faire dépouiller aimablement par eux et à les envoyer aux galères ou à la potence lorsque leurs exploits dépassaient les limites de la décence.

«Un tel désir est-il exprimé par quelque cour, vite, vite les voici qui accourent ventre à terre, les aventuriers aux cent masques et déguisements, venus d'on ne sait quel point de l'horizon, d'on ne sait quel refuge. Du jour au lendemain, ils sont là avec une voiture de voyage et des carrosses anglais; ils louent aussitôt, d'un geste nonchalant, les chambres qui ont la plus noble façade dans l'hôtellerie la plus distinguée. Ils portent des uniformes fantaisistes de n'importe quelle armée de l'Hindoustan ou de la Mongolie et ils arborent des noms pompeux qui, en réalité, sont du strass, de fausses pierres précieuses, — comme les boucles de leurs chaussures.

» Ils parlent toutes les langues, prétendent connaître tous les souverains et tous les grands personnages; ils disent qu'ils ont servi dans toutes les armées et étudié à toutes les universités. Leurs poches sont pleines de projets; leur bouche résonne de promesses hardies; ils font des plans de loteries et d'impôts supplémentaires, d'alliances entre les États et de manufactures; ils offrent des femmes, des décorations et des castrats; et, bien qu'eux-mêmes n'aient pas dix pièces d'or en poche, ils susurrent à tout venant qu'ils connaissent le secret de la *tinctura auri*. À chaque cour, ils pratiquent des arts différents: tantôt mystérieusement chamarrés en francs-maçons et en rose-croix, tantôt, chez un prince avide d'argent, experts dans l'alchimie et dans les écrits de Théophraste. Chez un souverain ami des plaisirs, ils s'offrent comme honnêtes usuriers et éprouvés coupeurs de monnaie, entremetteurs et proxénètes richement assortis ; chez un prince ami de la guerre, comme espions, chez un souverain bel esprit, comme philosophes et poétastres ; ils attrapent les crédules avec des projets, les joueurs avec de fausses cartes et les naïfs avec leur distinction mondaine. Mais tout cela est enveloppé dans les plis bruyants et dans le nimbe impénétrable du mystère et de l'étrange, impossible à reconnaître et, par là, doublement intéressant. Brillant soudain comme des feux follets, et d'une attirance dangereuse, ils passent çà et là flamboyants et tout vibrants dans l'air morne et saumâtre des cours, arrivent et disparaissent dans une danse de fantômes trompeurs.»

Il n'y a guère à ajouter à cette page de Stefan Zweig. C'est l'époque où triomphe le fugitif irlandais John Law qui fait sauter les finances françaises avec ses assignats ; où Joseph Balsamo, le petit paysan sicilien mieux connu sous le nom brillant de Cagliostro, met Paris à ses pieds et après avoir été initié dans une loge de Londres crée de toutes pièces un rite maçonnique dont il se fait le Grand-Cophte et qu'il prétend rattacher historiquement aux mystères de l'Égypte. C'est l'époque où un obscur baronnet allemand, Joseph Neuhoff, réussit à se faire proclamer roi de la Corse ; où le chevalier d'Eon (dont on ne sait pas à l'heure qu'il est s'il fut homme ou femme) fit de la haute diplomatie et de l'espionnage international ; l'époque du vieux baron de Trenck qui termina ses glorieuses aventures sur l'échafaud de la Révolution française ; de Casanova qui dupa l'Europe entière, de l'Espagne à Saint-Petersbourg, et mit à mal d'innombrables femmes ; du comte de Saint-Germain, franc-maçon comme Cagliostro, le fameux magicien sans âge que jamais personne ne vit prendre des aliments et dont le mystère est si peu éclairci que certains amis du merveilleux le croient encore vivant, quelque part en Asie...

C'est un curieux mélange de frivolité et de sérieux qui remplit les esprits du XVIIIᵉ siècle : le triomphe du rationalisme, amené par le progrès des sciences et puissamment soutenu par l'Encyclopédie, fait naître par réaction un profond besoin de mystère ; de la frivolité insolente qui ne respecte plus rien ou de la mystique panthéiste et hermétiste, on ne sait pas quelle attitude est sincère et laquelle est une pose. Le siècle de Casanova est en même temps celui de Saint-Martin, le philosophe inconnu ; le siècle de Swedenborg est aussi celui de Voltaire...

Cette même ambivalence, cette même oscillation entre le rationalisme et le mysticisme se retrouve dans les loges maçonniques de ce temps. On sait le grand intérêt que celles-ci prirent à l'œuvre de science positive que fut la rédaction de l'*Encyclopédie*; le duc d'Antin, grand-maître de la franc-maçonnerie française, avait prononcé un fameux discours dans lequel il proposait l'établissement de cette synthèse de la science humaine: «Tous les grands-maîtres, disait-il, en Allemagne, en Angleterre, en Italie et ailleurs, exhortent tous les savants et tous les artisans de la confraternité maçonnique à s'unir pour fournir les matériaux d'un dictionnaire universel des arts libéraux et des sciences utiles, la théologie et la politique seules exceptées... Par là, on réunira les lumières de toutes les nations dans un seul ouvrage qui sera comme une bibliothèque universelle de ce qu'il y a de beau, de grand, de lumineux, de solide et d'utile dans toutes les sciences et dans tous les arts nobles.»

Cela se passait en 1740; à la même époque, Swedenborg avait ses premières visions prophétiques et publiait ses premiers écrits théosophiques; à la même époque naissaient Saint-Martin et Cagliostro... Et tandis que les francs-maçons suivaient avec passion l'œuvre des encyclopédistes, tandis que la notion des Droits de l'Homme s'élaborait lentement dans les loges, les théories de l'hermétisme et du mesmérisme y étaient discutées et expérimentées avec non moins de ferveur. Helvétius, d'Alembert, Voltaire, d'Holbach, Montesquieu, qui étaient francs-maçons, Diderot, Rousseau, qui ne l'étaient point, trouvaient dans les loges leurs plus ardents partisans; de leur côté, Cagliostro, Saint-Martin, Willermoz, Mesmer, Saint-Germain, tous francs-maçons, y jouissaient d'une autorité non moins grande.

Ainsi, c'est sur deux voies diamétralement opposées que les francs-maçons —comme d'ailleurs un peu tout le monde— cherchaient le bonheur de l'homme: dans la pensée rationaliste, sociologique et scientifique, et dans l'hermétisme qui, pour être parfaitement respectable et certainement moins vain qu'on aime à le dire, n'en était pas moins exposé à de fâcheuses aberrations.

Ce qui est vrai de la France, l'est également, encore que dans une mesure moindre, des autres pays: dans les loges d'Italie, d'Autriche, de Suisse, d'Allemagne, de Hongrie, de Pologne, de Suède, de Russie, les esprits libéraux, partisans de réformes politiques et de la diffusion de la science, voisinaient avec les théosophes, les alchimistes et les nécromanciens; bien plus, le même homme, si paradoxal que cela nous paraisse aujourd'hui, était fort souvent aussi épris de l'une comme de l'autre science. Grâce à la franc-maçonnerie, dont les liens internationaux étaient autrement plus étroits que de nos jours, une véritable internationale de la pensée s'était formée qui répandait de la Seine à la Néva et de la Baltique à la Méditerranée l'esprit de l'*Encyclopédie* et celui du laboratoire d'alchimie. Les adeptes —parmi lesquels il y avait à côté de fameux imposteurs des représentants des plus hautes classes sociales, des savants et même de grands princes comme François de Lorraine, époux de Marie-Thérèse, et Frédéric-Guillaume II de Prusse— accomplissaient de grands voyages à travers toute l'Europe, sans cesse à la recherche de secrets nouveaux ; ils se faisaient initier à tous les rites maçonniques et acquerraient tous les grades qui s'offraient à eux. Et, voyageant ainsi d'une ville à l'autre, d'un pays à l'autre, poussés par leur nostalgie du merveilleux et leur rêve de perfection humaine, ils apportaient à leurs hôtes successifs —loges maçonniques ou cours princières— à la fois leurs expériences d'hermétisme et les théories philosophiques, morales et politiques qu'ils avaient étudiées ailleurs.

Il n'est que de lire les mémoires de certains d'entre eux pour se rendre compte de cet étonnant dualisme : le baron Adolphe de Knigge, un des chefs de l'Ordre des Illuminés, qui fut inquiété par la justice de Hanovre pour avoir lutté contre l'absolutisme et la théocratie, en est un exemple entre cents :

«J'étais tourmenté, écrit-il, de doutes sur la vérité de quelques dogmes révélés, agité du désir d'une illumination plus complète et surnaturelle... Pour peu que dans quelque maison la servante ou le valet fussent tourmentés par un esprit malin, qu'ailleurs un moine rusé eût la réputation d'évoquer les morts ou que dans quelque endroit un vieillard vécût à l'écart du monde, attirant autour de ses fourneaux des fous crédules, on était sûr de me voir accourir.»

Et le baron de Gleichen, qui était fort répandu à Paris où il vivait dans la société de Diderot, de Grimm et d'Holbach et qui était en relation avec Voltaire, n'était pas moins ami des sciences occultes :

«Le penchant inné à tous les hommes pour le merveilleux, dit-il dans ses Souvenirs, mon goût particulier pour les impossibilités, l'inquiétude de mon scepticisme habituel, mon mépris pour ce que nous savons et mon respect pour ce que nous ignorons, voilà les mobiles qui m'ont engagé à voyager durant une grande partie de ma vie dans les espaces imaginaires. »

Et cet ami des encyclopédistes connaissait fort bien aussi Mesmer, Cagliostro, Saint-Germain, Saint-Martin, Lavater auxquels il consacra d'excellentes pages et n'osa refuser son estime, malgré le scepticisme qu'il avait gagné à fréquenter les rationalistes de son temps.

Si les loges maçonniques accueillirent de la sorte et les uns et les autres, elles ne le firent pas seulement pour obéir à cette loi traditionnelle de la tolérance dont elles font preuve à l'égard de toute doctrine, de toute croyance. Il y a de cette hospitalité une raison fort simple : les uns et les autres, les rationalistes comme les hermétistes, avaient besoin du secret ; et cette nécessité de travailler à l'écart les apparentait d'emblée aux loges. En effet, il n'était point sans danger, au temps de l'absolutisme et de la théocratie, de cultiver le rationalisme et le libéralisme ; beaucoup de prudence était nécessaire à ceux qui voulaient réformer la société et lutter contre les abus de pouvoir du trône et de l'autel. D'autre part, l'occultisme, par définition, ne peut s'épanouir qu'à l'abri du vulgaire qui n'est pas suffisamment préparé à en comprendre les théories, les rites et les symboles ; il doit également craindre le courroux de l'église (encore que certains prélats, comme le cardinal prince de Rohan, aient été de fervents alchimistes) qui n'y voit que diableries maléfiques et dignes du bûcher.

Notre esprit moderne, fier des triomphes de la raison, est très loin de l'hermétisme ; et cela fait que nous avons quelque peine à comprendre que les loges maçonniques s'y soient adonnées avec tant de ferveur. Mais au lieu de leur en faire un grief, il y a lieu de les en louer (tout en déplorant les abus dont elles furent parfois victimes) : l'intransigeance, qu'elles surent si bien éviter, est toujours une grave erreur et prive ceux qui aveuglément la pratiquent de connaissances, de modes de pensée et d'intuitions que seul un esprit prévenu juge avant de les avoir étudiées. Et ceux-là n'eurent point tort qui crurent pouvoir établir — ou du moins la rechercher — une synthèse de tous les modes de l'esprit humain en accordant les voix qui parlent à la raison et celles qui s'adressent au cœur.

Goethe lui-même, esprit pondéré s'il en fut, est un exemple très caractéristique de ce dualisme ; et c'est ce dualisme qui, à proprement parler, fait la grandeur de sa pensée et prête à son œuvre son accent si purement humain. Goethe a étudié à la fois les sciences occultes et les sciences exactes, cherchant en chacune d'elles la parcelle de vérité qu'elles contiennent. Jamais il ne se montre partial; toujours il tente de bâtir le pont reliant les deux rives qui, aux yeux des gens superficiels, semblent condamnées à ne jamais se joindre. Son Faust, auquel il travailla toute sa vie, nous révèle bien la maîtrise réfléchie qu'il eut de l'hermétisme; et d'autre part, dans ses écrits sur la nature, il ne tomba jamais dans le travers rationaliste, matérialiste et mécaniste qui triompha, intransigeant, durant le XIXe siècle et que la science d'aujourd'hui, la physique en tête, de plus en plus abandonne.

IV

Les réformateurs : Lessing, Herder, Schroeder

Il ne faut pas user de trop de sévérité à l'égard des loges maçonniques qui, dans la seconde moitié du XVIIIe siècle, s'adonnèrent corps et âme à l'occultisme. Nous avons vu que le but de la franc-maçonnerie était encore loin d'avoir trouvé sa définition claire ; encore moins s'était-on mis d'accord sur ses origines historiques. — De nos jours même, si tout le monde sait fort bien ce qu'elle est et ce qu'elle veut, on ne sait cependant pas encore d'une manière certaine, en dépit de l'abondante littérature historique qu'elle a fait naître, quels en sont les précurseurs véritables. Actuellement encore, plusieurs thèses sont en présence : les unes font remonter la franc-maçonnerie aux Rose-Croix et, par ceux-ci, aux alchimistes, à la kabbale et aux initiations de l'Égypte et de la Grèce antiques ; d'autres, aux Chevaliers du Temple et, par ceux-ci, au gnosticisme et aux mystères de Mithra ; une autre école enfin n'accepte pour valables ancêtres de l'ordre que les confréries de maçons et de tailleurs de pierre du moyen âge.

Quoi qu'il en soit de ces filiations que les auteurs nous proposent, elles n'intéressent aujourd'hui la franc-maçonnerie qu'au point de vue historique et ne sauraient plus guère exercer une influence notable sur sa doctrine. Il n'en était pas ainsi au XVIIIe siècle où ces thèses étaient essentielles, âprement discutées et, malgré tout, enveloppées de mystère. Aussi les nombreux francs-maçons, auxquels on ne communiquait pas les derniers secrets de l'ordre dont ils faisaient partie (qu'on se rappelle la lettre de Goethe au Maître de sa loge dans laquelle il déclare «se soumettre aux règles inconnues de l'ordre»), sont-ils pardonnés d'avance d'avoir cru que tels magiciens, distillant au compte-gouttes leurs précieuses connaissances, étaient en possession des fabuleux secrets de l'orient sur lesquels ils supposaient que la franc-maçonnerie était édifiée. L'on ne savait pas grand'chose, à cette époque, des liens historiques qui la rattachaient aux tailleurs de pierre ; ce n'est qu'en 1782 que l'abbé Grandidier publia son *Essai historique et topographique sur l'église cathédrale de Strasbourg* dans lequel il mit en parallèle ces deux organismes en tentant de faire dériver l'un de l'autre. Et, en dernière analyse, cette thèse n'aurait guère eu de chance de succès à une époque où la franc-maçonnerie recrutait ses adeptes surtout dans la noblesse, dans le clergé, dans les milieux intellectuels et la grande bourgeoisie aux yeux desquels ces braves tailleurs de pierre ne devaient pas faire figure d'ancêtres reluisants!

S'il est vrai que même les erreurs ont leur rôle à jouer dans l'évolution de l'esprit humain, celles de la franc-maçonnerie du XVIIIᵉ siècle furent le point de départ d'une régénération grandiose, d'une réforme profonde dont les fruits ont enrichi l'ordre maçonnique entier. En s'écartant par trop de ses fondements véritables et en prenant pour but dernier ce qui en réalité n'est qu'une voie, un moyen de connaissance, la franc-maçonnerie ouvrit les yeux à quelques hommes éclairés qui, contemplant les choses d'assez haut, surent la ramener à sa base primitive sans lui enlever le bénéfice des acquisitions très précieuses qu'elle avait faites au cours de ses expéditions, un peu folles, dans le ténébreux domaine de l'hermétisme.

L'alchimie, et avec elle toute la science hermétique, avait été de toute évidence fort mal comprise de ses innombrables adeptes. En réalité, elle n'est pas ce qu'un vain peuple pense: une méthode de transformer le plomb en or pour s'enrichir comme un vulgaire brasseur d'affaires. Elle est plus que cela: elle est un système scientifique général (qui n'apparaît plus si absurde aujourd'hui que la physique ne voit dans le monde sensible pas autre chose qu'un formidable concert d'émanations et de radiations d'une matière essentiellement une), système scientifique doublé d'un système philosophique. Celui-ci a pour fil conducteur la très ancienne idée du développement spirituel de l'homme qui doit conduire au perfectionnement moral et social de l'humanité. Cela est assurément une alchimie prodigieuse, — dont au demeurant les opérations ne sont guère plus aisées que celles des laboratoires où l'on poursuivait la transmutation du plomb en or!

Là est le point de contact des spéculations hermétiques et de l'idéologie maçonnique. Et c'est de ce point de tangence de deux courants d'idées que partirent les réformateurs de la franc-maçonnerie.

Parmi ceux-ci, la première place appartient à Lessing qui, initié en 1771, publia dès 1778 ses célèbres *Entretiens pour Francs-Maçons*. Dans les trois premiers dialogues, il donne à un profane quelques idées générales de la franc-maçonnerie; dans les deux autres, il cherche à atténuer la déception de son interlocuteur qui entre-temps s'est fait recevoir franc-maçon et a constaté que dans les loges «l'un veut faire de l'or, l'autre veut faire apparaître les esprits, le troisième, rétablir les Templiers». Et Lessing lui apprend à ne pas confondre la loge avec la franc-maçonnerie, à n'en pas confondre l'essence avec les formes extérieures qu'elle prend selon l'esprit du temps. Il nous apprend que le vrai secret de la franc-maçonnerie n'est pas là où le commun des hommes le cherche, mais bien dans ses actes : «et ses actes sont si relevés, d'une si grande portée qu'il peut se passer des siècles entiers avant que l'on puisse dire : voilà ce qu'ils ont fait», ses actes dont Lessing, quelques lignes plus bas, dit si finement et si justement : «Les vrais faits ou actions des francs-maçons tendent à rendre superflues la plupart de ce qu'on nomme communément de bonnes actions.»

A cette époque, le système maçonnique prédominant en Allemagne était le rite de la Stricte Observance; celui-ci tenait fermement à la tradition selon laquelle la franc-maçonnerie serait l'héritière de l'Ordre des Chevaliers du Temple, dissous par le Pape Clément V et dont le dernier grand-maître, Jacques de Molay, avait péri sur le bûcher en 1314. En vain, ce rite cherchait à faire adopter universellement cette thèse. Le congrès international de Wilhelmsbad, convoqué en 1782 par le duc Ferdinand de Brunswick, grand-maître de la Stricte Observance, n'eut pas, sur ce point, le succès qu'on en attendait. La question portée à l'ordre du jour était la suivante : «Est-il prouvé que nous sommes les véritables et légitimes descendants et successeurs des Chevaliers du Temple?»; elle fut niée à l'unanimité moins une voix. Et après un mois et demi de discussions, la liaison entre les Templiers et la franc-maçonnerie fut maintenue malgré tout et forma désormais le contenu du grade de Chevalier bienfaisant de la Cité Sainte, grade suprême de l'Ordre intérieur.

C'était l'agonie du système de la Stricte Observance qui ne survécut pas longtemps au congrès de Wilhelmsbad. D'autres rites (notamment le Régime écossais rectifié) prirent sa place; ils existent encore aujourd'hui, parce qu'ils surent donner à leurs adeptes, au lieu de prétendus mystères hermétiques et historiques, de grades fantastiques et de titres sonores, un fondement initiatique et moral.

Goethe semble s'être fort intéressé aux discussions du congrès de Wilhelmsbad. Christoph Kayser, qui en compagnie de Dietheim Lavater y représentait la franc-maçonnerie helvétique, lui en fit un récit qui malheureusement s'est perdu; en revanche, les archives de la loge de Zurich conservent la réponse que Goethe lui adressa le 15 mars 1783 :

«Les sciences secrètes, écrit-il, ne m'ont donné ni plus ni moins que ce que j'en attendais. Je n'y cherchais rien pour moi, mais je suis suffisamment édifié en voyant ce que d'autres y cherchaient, ce qu'ils y trouvèrent, ce qu'ils cherchent encore et ce qu'ils espèrent. On dit qu'on apprend le mieux à connaître l'homme dans son jeu, car ses passions s'y montrent ouvertement et l'on y peut lire comme dans un miroir : ainsi j'ai vu que dans ce petit monde des frères tout se passe comme dans le grand monde ; et c'est en ce sens que j'ai pris un vif intérêt à parcourir ces régions. Au sage, tout est sage ; au sot, tout est sot. Toutes choses qui sont en dehors de l'homme lui servent de matériel et d'instruments nécessaires selon qu'il est maître ou charlatan, enfant, sage, bienfaiteur ou malfaiteur... J'ai tout lu, et je suis dans l'attente : les Chevaliers Bienfaisants gagneront-ils la course ? Je m'aperçois que beaucoup, que presque tous préfèrent à cela la mascarade blanche et rouge. Et, sincèrement, si l'on veut être sage et bienfaisant et rien de plus, chacun peut l'être pour soi et en plein jour et dans son habit d'intérieur.»

Ces lignes sévères à l'endroit des discussions passionnées de la franc-maçonnerie n'étonneront point, lorsqu'on connaît les dessous de cette trouble époque. Goethe, dès les débuts de sa vie maçonnique, avait sa propre conception de ces choses. En 1781, alors qu'il était compagnon, il l'avait déjà écrit au même Kayser en lui envoyant un poème maçonnique :

«Comme vous connaissez l'esprit de ma maçonnerie, vous comprendrez le but que je poursuis avec ce poème et avec d'autres qui suivront...»

Et en juin 1782, peu avant l'ouverture du congrès de Wilhelmsbad, il lui avait encore écrit ceci :

«Dans l'Ordre, je suis maître, mais cela ne signifie pas grand'chose. Cependant, un bon esprit m'a conduit *extra judicialiter* à travers les autres salles et chambres. Et je connais l'incroyable.»

On le voit donc, Goethe savait fort bien à quoi s'en tenir quant à la nature véritable de la franc-maçonnerie. Les vaticinations des fabricants de rites ne lui en imposaient pas, et son sens aigu de la psychologie humaine avait vite percé l'amour des cordons et des titres qui consumait tant de ses frères. En 1781 déjà, il avait écrit à Lavater —un admirateur de Cagliostro— ces paroles qui révèlent bien son tour d'esprit :

«Crois-moi, la vie sous terre est aussi naturelle que la vie sur terre ; et celui qui ne peut évoquer les esprits en plein jour et à ciel ouvert n'y réussira pas davantage à minuit et dans un antre noir.»

Tantôt courroucé, tantôt indulgent, il suivait les intrigues de certains petits pontifes et des mages de carrefour. Et lorsque, dix ans plus tard, il fit représenter au théâtre de Weimar sa comédie *Le Grand-Cophte*, une satire de Cagliostro, de ses mystérieuses initiations égyptiennes et de ses victimes, l'accueil réservé que ses amis firent à cette pièce montre combien le crédit était encore grand dont jouissaient les illuminés de toute espèce.

La loge «Amalia» de Weimar, qui travaillait sous l'obédience de la Stricte Observance, ressentit vivement les troubles qui agitaient la franc-maçonnerie européenne. De violentes discussions s'élevaient entre ses membres et menaçaient dangereusement l'union fraternelle ; aussi décida-t-elle d'interrompre ses travaux jusqu'à l'avènement de temps plus calmes.

Cette interruption dura de 1782 à 1808. Cependant, ainsi qu'il ressort de la correspondance que Goethe échangea avec le duc de Weimar, les francs-maçons de cette ville conservèrent pendant ces vingt-six années leurs sentiments maçonniques, se réunissant fréquemment selon les sympathies et les parentés spirituelles et sans plus observer les formes accoutumées. C'est ainsi qu'ils célébrèrent en 1783 l'anniversaire du grand-maître duc de Brunswick et qu'en 1807 ils s'associèrent au deuil général dans lequel le décès de leur protectrice, la duchesse Amalia, avait plongé la ville de Weimar. Dans une lettre de 1808, Goethe dit au sujet de cette période de sommeil :

«Cependant nous n'avons pas été inactifs en notre qualité de francs-maçons ; dans le silence, nous avons observé le monde et les hommes, l'esprit du temps et les résultats de son action, le progrès de la franc-maçonnerie vers son perfectionnement ; et nous avons cherché à remplir notre devoir maçonnique en dehors de la loge aussi bien que nous le pouvions.»

Pendant cette période d'inactivité, des relations étroites furent nouées entre Weimar et Hambourg où se préparait une véritable renaissance maçonnique. Le philosophe et théologien Johann Gottfried Herder, reçu franc-maçon à Riga en 1766, avait été appelé à Weimar par le duc Charles-Auguste d'où il entretenait des relations suivies avec quelques francs-maçons de Hambourg qui, comme lui, avaient un grand souci de la régénération spirituelle de l'ordre. Parmi ses amis, Friedrich Ludwig Schroeder était un des francs-maçons les plus actifs de l'Allemagne. Comédien et auteur dramatique, Schroeder était aussi un grand cœur sincèrement épris du bien de l'humanité; et sa tristesse était grande de voir la franc-maçonnerie oublier dans des querelles de système sa grande mission morale et spirituelle. Initié en 1744 à la loge «Emmanuel zur Maienblume» à Hambourg, Vénérable Maître de cette loge en 1786, Grand-Maître adjoint de la Grande Loge de Hambourg en 1811 et Grand-Maître en 1814, il s'était voué à l'étude de l'histoire et du symbolisme maçonniques, ce qui l'avait conduit à une conception de la franc-maçonnerie contrastant vivement avec celle de la plupart de ses contemporains. Mais il réussit à faire triompher universellement son idée. Le but de la franc-maçonnerie, disait-il, n'est pas de cacher, mais d'agir. Ce n'est pas son secret qui doit faire l'objet de la méditation, de l'étude et de l'action, mais bien son but élevé. La maçonnerie doit opérer une transformation de l'esprit de ses membres, — autrement elle est inutile. Elle doit obtenir ce à quoi ni l'état ni l'église ne peuvent arriver et qui pourtant est indispensable, si l'on veut perfectionner moralement l'homme en sa double qualité de membre de la collectivité et de l'état.»

Schroeder abandonna donc tous les éléments étrangers qui s'étaient infiltrés dans la franc-maçonnerie et qui satisfaisaient davantage la vanité des frères que leur besoin d'élévation spirituelle. Désormais il ne serait plus question d'un Ordre ni de Chevaliers, mais d'une société et de frères; il réforma les rituels en les ramenant à la vieille tradition anglaise d'où ils tiraient leur origine. Le système maçonnique qu'il créa et qui fut appelé de son nom est actuellement en vigueur dans un grand nombre de loges d'Allemagne, de Suisse, d'Autriche et de Tchécoslovaquie.

Pendant plusieurs années, Herder et Schroeder échangèrent leurs vues sur la franc-maçonnerie et se communiquèrent leurs écrits sur les réformes qu'ils jugeaient nécessaires. En 1802 et 1803, Herder publia dans l'*Adrastea* la plus grande partie de ses *Dialogues de francs-maçons*; il y traçait nettement la tâche humanitaire de la franc-maçonnerie:

«La franc-maçonnerie, écrivait-il, n'est pas destinée à l'éternelle lecture de conférences, mais à l'exercice de la raison et du cœur, à l'entr'aide active et au perfectionnement, voire au réveil et au salut du genre humain.»

Et c'est cet esprit herderien, puissamment soutenu par l'œuvre de francs-maçons éminents comme Goethe, Lessing, Bode, Wieland, Frédéric le Grand, Fichte, qui prévalut jusqu'à nos jours.

V

LA VIE MAÇONNIQUE DE GOETHE

Grâce à l'action de ses réformateurs, grâce aussi à l'esprit du temps qui, depuis la Révolution française, apparaissait de plus en plus libéral et soucieux de la dignité de l'homme —le romantisme, sera l'aboutissement de cette autonomie, de ce culte de l'individu—, la franc-maçonnerie se trouvait aiguillée vers un but nouveau, quoique fort ancien : son but véritable. D'une chevalerie plus ou moins fantaisiste, elle devenait une alliance universelle à tendance nettement humanitaire et philosophique.

Lorsqu'en 1807 les francs-maçons de Weimar décidèrent de réveiller leur loge et de reprendre les travaux interrompus, il est tout naturel qu'ils sollicitèrent des patentes de la Grande Loge de Hambourg dans laquelle Schroeder jouait un rôle de premier plan dès avant son élection à la grande-maîtrise. Goethe fut le principal artisan de cette restauration. Il échangea à ce sujet une volumineuse correspondance avec le duc Charles-Auguste et se dépensa sans compter pour relever le pavillon, trop longtemps amené, de la franc-maçonnerie. Un incident, provoqué par les événements militaires de l'époque, semble avoir déterminé particulièrement cette renaissance ; il fait apparaître dans son véritable jour la nature de cette alliance fraternelle des francs-maçons que souvent même une guerre ne réussit pas à entamer. Goethe y fait allusion dans un mémoire qu'il rédigea sur la franc-maçonnerie à Iéna :

« Lorsqu'à l'occasion de l'invasion des troupes françaises on constata à plusieurs reprises que les Français estimaient la franc-maçonnerie, qu'ils y étaient fort attachés et que, grâce à ce lien, ils se laissaient souvent apaiser, le désir devint général dans nos régions de rechercher et de ramener ce vieux talisman. Je proposai de donner une vie nouvelle à la loge « Anna Amalia zu den drei Rosen » de Weimar qui, à la vérité, n'avait jamais été supprimée, mais qui s'était simplement mise en sommeil. »

Goethe fut donc incontestablement l'initiateur de la restauration de la loge de Weimar; c'est lui encore qui fit adopter les rituels réformés de Schroeder. Cependant, il déclina l'offre qui lui fut faite d'assumer la charge de Vénérable Maître de la loge et recommanda, d'accord avec le duc Charles-Auguste, l'élection du conseiller de légation Bertuch. Celle-ci eut lieu le 27 juin 1808; douze frères y prirent part et Bertuch fut élu par neuf voix, tandis que Goethe, malgré son refus, en obtint trois.

En juillet, la loge reçut les patentes qu'elle avait sollicitées de la Grande Loge de Hambourg et le 24 octobre, 44e anniversaire de sa fondation, elle reprit ses travaux sous la présidence de son nouveau Maître en chaire.

Les temps étaient redevenus plus calmes et le poète se retrouva avec plaisir parmi ses frères. En 1808, il prit part à l'initiation de Christoph Martin Wieland, le poète de l'*Obéron*, cet esprit fin et délicat qu'on a surnommé le «Voltaire de l'Allemagne». Wieland était demeuré longtemps sceptique, sinon hostile, à l'égard de la franc-maçonnerie dont il avait vu clairement les faiblesses; mais la réforme qu'elle venait de subir et qu'il sut apprécier le porta malgré son grand âge —il avait 76 ans— à solliciter son initiation, témoignant ainsi publiquement de l'espoir qu'il fondait sur elle. Il fut très assidu aux réunions de la loge dont la commission de secours aux pauvres le compta parmi ses membres; dans trois discours d'une grande portée philosophique et morale, il dit son opinion sur la fonction importante que remplit la franc-maçonnerie au sein de la collectivité et sur l'œuvre de perfectionnement spirituel qu'elle a entreprise. Wieland mourut cinq ans plus tard, et lorsqu'en 1813 une loge funèbre fut célébrée à sa mémoire, Goethe y prononça un magnifique éloge qui est un de ses plus beaux morceaux de prose.

En 1815, Goethe assista à la réception de son fils Auguste; ce fut la dernière réunion de la loge à laquelle il prit part. Déjà en 1812, il avait prié le Vénérable Maître Ridel, qui avait succédé au conseiller Bertuch, de le dispenser d'assister aux réunions de l'atelier:

«Je serais heureux, écrivait-il, que vous me considériez, si cela n'est pas contraire absolument aux usages maçonniques, comme absent et que mes obligations vis-à-vis de la loge fussent suspendues. C'est à regret que je quitterais complètement cette honorable société; mais comme il ne m'est plus possible de suivre régulièrement les travaux de la loge, je ne voudrais pas donner le mauvais exemple par mon absence.»

Cette démarche de Goethe a prêté souvent à des malentendus qu'exploitèrent les adversaires de la franc-maçonnerie aux yeux desquels sa qualité de franc-maçon demeurera toujours une douloureuse pierre d'achoppement. Ils voient dans ce geste un détachement profond de la franc-maçonnerie ; la retraite de Goethe, selon eux, serait l'aveu implicite qu'il tenait une erreur de jeunesse la demande d'initiation qu'il avait faite en 1780.

Cependant, à regarder les choses de plus près, cette interprétation apparaît entièrement erronée. Si l'on ne veut pas encourir le reproche de juger à la légère, il faut prendre connaissance de certains écrits de Goethe qui témoignent pertinemment de son attachement à la franc-maçonnerie. Ainsi trouvera-t-on nombre de poèmes d'inspiration maçonnique qui furent écrits après cette date de 1812 ; certains d'entre eux ont été recueillis sous le titre collectif *Loge* dans l'édition complète de ses œuvres, et comme celle-ci a été préparée par l'auteur lui-même, le fait qu'il y a inséré ces vers infirme singulièrement la thèse du détachement profond de Goethe. Il faut aussi tenir compte des documents nombreux que conservent les archives de la loge de Weimar et qui furent publiés en partie dans le remarquable ouvrage de Wernekke sur le poète franc-maçon ; il en ressort avec toute la clarté désirable que si vers la fin de sa vie Goethe se détacha quelque peu de la loge de Weimar, il n'en demeura pas moins fermement et sincèrement attaché à la franc-maçonnerie.

Même après qu'il eut cessé de fréquenter régulièrement la loge, il lui dédia maint poème qu'il y fit lire par son fils ou par ses amis. Et c'est après avoir assisté en 1814 à l'élévation au grade de maître du colonel russe von Geismar, qui un an auparavant avait préservé Weimar d'une attaque ennemie, que Goethe écrivit *Symbolum*, ce magnifique poème dans lequel il a traduit l'émotion profonde que fit naître en lui le symbolisme poignant des rites de ce grade suprême :

> Des Maurers Wandein,
> Es gleicht dem Leben,
> Und sein Bestreben,
> Es gleicht dem Handein
> Der Menschen auf Erden.
>
> Die Zukunft decket
> Schmerzen und Glücke

Schrittweis dem Blicke ;
Doch ungeschrecket
Dringen wir vorwärts.

Und schwer und ferne
Hängt eine Hülle,
Mit Ehrfurcht, stille
Ruhn oben die Sterne
Und unten die Gräber.

Betracht' sie genauer
Und siehe, so melden
Im Busen der Helden
Sich wandeinde Schauer
Und ernste Gefühle.

Doch rufen von drüben
Die Stimmen der Geister,
Die Stimmen der Meister :
Versäumt nicht zu üben
Die Krafte des Guten !

Hier winden sich Kronen
In ewiger Stille,
Die sollen mit Fülle
Die Tätigen lohnen !
Wir heissen euch hoffen.

Mais les relations de Goethe avec la loge « Anna Amalia » ne se bornaient pas à ces envois réguliers de poèmes. « D'une manière constante, il s'intéressait si vivement à tout événement, à toute fête de quelque importance de la loge, que la plupart des discours, des chants et des arrangements étaient préalablement soumis à son approbation » — ce témoignage conservé aux archives de la loge montre à l'évidence combien il lui resta attaché. Comme dans le monde de la politique, de la pensée et de l'art, un renouveau se préparait dans la franc-maçonnerie ; l'esprit et l'œuvre de ses réformateurs s'y répandaient peu à peu, luttant contre maint préjugé et usant mainte résistance. Aussi ne saurait-on faire aucun grief au sage poète, alors âgé de soixante-quatre ans, de n'avoir pas pris à cette lente transformation une part directe au sein même des loges ; c'est sur un autre plan, et dans une mesure combien plus large, qu'il apporta sa contribution à la naissance d'un esprit nouveau et à l'épanouissement d'une conception renouvelée et purifiée de la vie.

L'essence de la franc-maçonnerie, cet «essentiel» dont il avait parlé dans sa lettre de 1781 et vers lequel tout son être s'était tendu avec une juvénile ardeur, le vieillard savait qu'il ne le trouverait qu'en soi-même, au tréfonds de sa conscience et de son intuition d'artiste. Il comprenait le sens de l'initiation, ses modes et ses sources qui, loin d'être amenées du dehors comme des rivières sévèrement canalisées, jaillissent du cœur même de l'homme. Il comprenait le vieil adage des mystères de l'Égypte : «Nul n'est initié sinon par soi-même», cette vérité fondamentale qu'un des maîtres modernes de la science ésotérique, Oswald Wirth, a si lumineusement formulée dans son *Symbolisme hermétique* :

«La connaissance occulte ne se communique ni par les discours, ni par les écrits. Elle ne saurait être conquise que par la méditation : il faut rentrer au-dedans de soi-même pour la découvrir en soi, et l'on fait fausse route en la cherchant hors de soi. C'est en ce sens qu'il faut entendre le *Gnothi seauton* de Socrate.»

Or, l'essence de la franc-maçonnerie ne réside pas dans certaines formules rituelles qui se transmettent de génération en génération ; ces formes ne sont qu'un moyen entre plusieurs autres d'allumer dans le cœur de l'homme l'étincelle qui l'illuminera et le portera à certaines connaissances, intellectuelles et intuitives, qui, elles, traduisent cette mystérieuse essence. Ces formes, autour desquelles trop longtemps les hommes s'étaient querellés, Goethe savait qu'elles sont destinées à demeurer vides de sens, à moins qu'une élite d'hommes de cœur et d'esprit ne les imprègne de cette sagesse qui en fera la force et la beauté. Il vit que, peu à peu, ces formes recouvraient leur antique signification ; de son côté, il sut leur donner un contenu digne de son génie. Si vers la fin de sa vie la loge était devenue pour lui un champ d'action trop petit dans lequel il devait se sentir à l'étroit, c'est parce que, pour les travaux gigantesques de son esprit, il lui fallait un chantier autrement plus vaste; et c'est l'humanité, c'est le monde entier qui fut son atelier.

Au cours des cinquante années de sa vie maçonnique, Goethe a assisté de très près à l'évolution prodigieuse que la franc-maçonnerie accomplit à la fin du XVIIIe siècle et au début du XIXe siècle; il en a vu le retour aux voies justes et droites après en avoir observé les errements. Mais il savait que l'on ne peut rendre une idée responsable des imperfections et des erreurs de ceux qui ne l'ont point comprise parfaitement ou qui, étant hommes faillibles, n'ont pas la force de la transformer en actes; c'est pourquoi il demeura fidèle à l'idée maçonnique, laissant au temps le soin d'en assurer le pur triomphe et contribuant pour une très large part à son épanouissement. En vérité, pouvait-il en être autrement? La fraternité humaine et, sur le plan cosmique, la fraternité de tout ce qui vit lui était apparue avec tant d'éclat dans sa vision intuitive des derniers ressorts du monde, qu'il dut demeurer profondément attaché aux loges qui en sont la faible et symbolique image dans notre vie sociale.

Et ce fut une grande fête, quand à la Saint-Jean 1830 la loge de Weimar célébra le cinquantième anniversaire de l'initiation de Goethe. Une députation de la loge remit au poète octogénaire un diplôme d'honneur auquel Goethe, que ce geste toucha profondément, répondit en envoyant à la loge un poème qui fut lu par le maître des cérémonies en séance solennelle

> Fünfzig Jahre sind vorüber,
> Wie gemischte Tage flohn;
> Fünfzig Jahre sind hinüber
> In das ernst Vergangne schon.
>
> Doch lebendig, stets aufs neue,
> Tut sich edles Wirken kund,
> Freundesliebe, Männertreue
> Und ein ewig sichrer Bund.
>
> Ausgesät in weiter Ferne,
> Nah, getrennt, em ernstes Reich,
> Schimmern sie, bescheidner Sterne
> Leis wohlth.t'gem Lichte gleich.

So! Die Menschheit fort zu ehren,
Lasset, freudig überein,
Als wenn wir beisammen wären,
Kräftig uns zusammen sein.

Une dernière fois, Goethe y dit tout l'amour qui le lie à ses frères et à la franc-maçonnerie ; une dernière fois, il y témoigne de sa foi dans la destinée de cette grande chaîne de frères qui fait le tour du globe.

Deux ans plus tard, le 22 mars 1832, Goethe mourut. «*Mehr Licht —* plus de lumière !» telles furent ses dernières paroles. Peut-être désirait-il qu'on ouvrît plus grandes les fenêtres, qu'on écartât davantage les rideaux, peut-être songeait-il à une autre lumière, lui, le père de Faust, ce chercheur passionné de lumières éternelles…

VI

SAGESSE, FORCE, BEAUTÉ

Il n'est point exagéré de dire que Goethe incarne un des types les plus purs du franc-maçon. Tout en lui est d'essence maçonnique : son ardente recherche de la vérité autant que son constant souci de la beauté. Il est certain que la loge et l'idée maçonnique contribuèrent pour une part à la formation de son esprit et de sa sensibilité ; mainte œuvre porte des traces indéniables de cette influence. Mais il importe que sur ce point les francs-maçons observent une grande modestie, car des deux : Goethe et la franc-maçonnerie, ce fut lui qui donna plus qu'il ne reçut. Et son œuvre sera pour eux — peut-être davantage que pour autrui, parce que leur initiation et leurs rites leur en fournissent une clé — une source de profonds enseignements.

Si la sagesse, la force et la beauté sont le grand idéal vers lequel le franc-maçon doit diriger ses efforts, Goethe fut un des rares qui y aient atteint dans une si large mesure. Son esprit ne se lassait pas dans la recherche de la vérité sur tous ses plans : philosophique, scientifique, esthétique et moral. Mais ses recherches ne furent pas de froides et abstraites spéculations ; partant de la base que représente le monde sensible, elles s'élevèrent très haut dans les pures régions de l'esprit pour retourner à leur point initial, qui désormais se trouve élevé et s'éclaire d'un jour nouveau. Là est peut-être le secret de la grandeur de son œuvre : elle est proche, infiniment proche de la vie. Il y a dans l'esprit de Goethe une merveilleuse faculté d'apercevoir les réalités et les vérités de tout ordre ; et rien de ce qui est humain ne lui demeure étranger. Il glorifie l'homme, dont cependant il connaît toutes les tares, toutes les faiblesses ; mais il le glorifie sans pour cela porter atteinte à la gloire des puissances qui sont au-dessus de lui : il le glorifie, parce qu'il le sent capable de gravir de très hauts sommets. Goethe n'est ni un révolté, ni un iconoclaste ; la liberté qu'il enseigne aux hommes n'est pas anarchique : elle résulte de l'acceptation, nullement fataliste, mais joyeuse et consciente, de la grande loi d'harmonie qui gouverne l'univers.

«Ce qui nous rend libres, ce n'est pas le refus de reconnaître une puissance au-dessus de nous, mais au contraire le respect de cette puissance. Car en lui rendant hommage nous nous élevons vers elle et en la reconnaissant nous montrons que nous portons en nous-mêmes ces forces supérieures et que nous sommes dignes de leur devenir semblables» — ainsi parle-t-il de la liberté de l'homme. Et sa glorification de l'être humain, tempérée par sa conception de la liberté humaine, révèle chez le poète un tour d'esprit extrêmement voisin de l'idéologie maçonnique.

Son biographe Wernekke a écrit sur lui ces lignes très justes: «Dans le vaste savoir de Goethe — de la compréhension de l'art gothique de la cathédrale de Strasbourg jusqu'à l'anatomie humaine, de la vie sentimentale de *Werther* jusqu'à la poésie enchanteresse du *Diwan* — partout l'on aperçoit son désir, toujours couronné de succès, de concevoir la nature dans son unité et de mettre l'homme à sa juste place au sein de la création.» Mais ce vaste savoir (et c'est par là que Goethe fut plus qu'un savant et plus qu'un poète) le conduisit à la sagesse: cette sagesse qui consiste à savoir son impuissance de tout connaître. Son *Faust* est la fresque grandiose qui illustre la lente et ardente marche vers cette suprême sagesse.

Faust, le géant de la recherche de la connaissance, après avoir poursuivi jusqu'à sa vieillesse la science dans de volumineux grimoires, se rend compte que toutes ses ardeurs ont été vaines:

> Habe nun, ach! Philosophie,
> Juristerei und Medizin
> Und leider auch Theologie
> Durchaus studiert mit heißem Bemühn.
> Da steh ich nun, ich armer Tor!
> Und bin so klug ais wie zuvor[2].

Ainsi, ses longues études ne l'ont mené qu'à une seule connaissance: celle de son ignorance. Et c'est un cri douloureux qui s'échappe de son

---

[2] J'ai donc tout vu: philosophie
Droit, médecine, et plein d'ardeur
Hélas, jusqu'en théologie
Promené mon âpre labeur.
Et j'en sais, vieux fou de savant,
Juste aussi long qu'auparavant.
(Traduction Georges Pradèz.)

cœur, le lamentable aveu de l'inutilité de ses efforts et de l'effondrement de ses espoirs.

Cependant, ce poignant aveu du vieux Faust est le point d'où naîtront ses joies futures ; il est le berceau de la sagesse, tant il est vrai — et Goethe l'a dit de cent manières — que rien ne naît, sinon de la douleur et de la mort.

Mais la connaissance dont est assoiffé le vieillard et qui est l'objet de la grande nostalgie humaine, cette connaissance, il la cherchera désormais par d'autres moyens, sur d'autres sentiers. En désespoir de cause, Faust tente une dernière chance :

> Drum hab ich mich der Magie ergeben,
> Ob mir durch Geistes Kraft und Mund
> Nicht manch Geheimnis würde kund ;
> Daß ich nicht mehr mit sauerm Schweiß
> Zu sagen brauche, was ich nicht weiß ;
> Daß ich erkenne, was die Welt
> Im Innersten zusammenhält[3].

La magie, c'est l'autre mode de connaissance : la connaissance immédiate, directe, certaine de l'âme qui par son intuition pénètre le fond des choses. C'est de cette intuition divinatrice que Pascal si souvent parle dans son œuvre ; à vrai dire, il ne l'appelle pas intuition (il était réservé à Henri Bergson de lui donner définitivement ce nom), mais tantôt esprit de finesse, tantôt inspiration, ou cœur, ou sentiment. Et c'est bien à ce pouvoir intuitif de concevoir les choses sans passer par les voies de la raison qu'il songeait, lorsqu'il écrivit cette parole célèbre : Le cœur a ses raisons que la raison ne connaît point.

Pascal a établi très nettement la différence entre les deux modes de connaissance :

---

[3] Essayons donc par la magie
Si l'esprit qu'elle fait parler
N'aurait rien à me révéler
Qui me délivrât du tourment
D'enseigner sans savoir comment,
Qui me fît, du ciel aux enfers,
Voir les ressorts de l'univers.
(Traduction Georges Pradèz.)

«La raison, dit-il dans ses *Pensées*, agit avec lenteur et avec tant de vues, sur tant de principes, lesquels il faut qu'ils soient toujours présents, qu'à toute heure elle s'assoupit ou s'égare, manque d'avoir tous ses principes présents. Le sentiment n'agit pas ainsi : il agit en un instant et est toujours prêt à agir.»

Faust illustre admirablement cette thèse pascalienne (et bergsonienne) qui est aussi une des idées fondamentales de l'œuvre de Goethe. Faust a suivi la voie rationaliste, si lente qu'il est devenu très vieux sans pourtant apercevoir «les ressorts de l'univers». Il suit maintenant la voie de l'intuition (car c'est dans ce sens qu'il faut entendre le terme de magie, et le dépouiller de son air charlatanesque que souvent il prend à nos yeux) ; et cette voie magique le conduit à une science que les mots ne peuvent point contenir, que les lèvres humaines n'expriment pas. Ce ne sont plus de claires phrases, de subtils raisonnements sut lesquels le vieux Faust se courbe : il contemple maintenant de mystérieuses figures, pleines d'un symbolisme vivant et qui subitement l'illuminent : ce que nul maître, nul livre ne lui put jamais enseigner, dans une sorte d'état de grâce, son intuition le saisit comme par enchantement. Ainsi se vérifie la parole du sage :

> Die Geisterwelt ist nicht verschlossen,
> Dein Sinn ist zu, dein Herz ist tot[4] !

Et voici que le cœur et les sens de Faust s'ouvrent et renaissent : Faust, délivré de ses tourments, a retrouvé le chemin du paradis perdu ; il a retrouvé cette magique parole perdue qui lui donne une vie nouvelle. Le Faust profane est mort, et de son tombeau sort le Faust initié.

C'est là une magnifique leçon de sagesse, digne d'être méditée par tous ceux qui s'en vont, passionnés, à la conquête de la vérité. Une leçon que couronne, dans les derniers vers du *Faust*, cette suprême connaissance que tout, ici-bas, n'est que symbole et que l'essence des choses vit dans un monde que seule peut atteindre la pureté de l'âme et de la pensée :

> Alles Vergängliche

---

[4] Du monde des esprits, la porte n'est point close :
C'est ton esprit qui l'est, ton cœur qui fait défaut.
(Traduction Georges Pradèz.)

Ist nur em Gleichnis;
Das Unzulangliche,
Hier wird's Ereignis [5].

Avec une force qui ne connut pas de défaillance, Goethe répandit son enseignement, dans ses vers, dans sa prose, dans son théâtre, dans son œuvre scientifique, cherchant toujours à voir l'unité dans la diversité et à ramener la créature à la source première qui la créa et qui l'anime. La devise du maître franc-maçon: «Rassembler ce qui est épars et répandre la lumière», elle fut aussi celle de Goethe.

Il eut une conscience très nette, encore que dégagée de tout dogmatisme, des liens qui unissent l'homme au principe créateur. C'est ainsi qu'en 1818, il écrivit à Catherine d'Egloffstein ces paroles révélatrices:

«Notre pouvoir d'ennoblir les choses terrestres et d'animer la matière inerte en l'unissant aux forces spirituelles est la preuve la plus certaine de notre origine supérieure.»

Et dans un entretien avec Eckermann, en 1824, il exprima cette même idée:

«Épris de connaissance et plein de nostalgie, l'homme élève son regard vers le ciel, parce qu'il sent clairement qu'il est un citoyen de ce royaume spirituel auquel nous ne pouvons pas nous empêcher de croire. Et c'est dans cette intuition, dans ce pressentiment que réside le secret de notre ardeur à marcher inlassablement vers un but inconnu.»

Dans nombre de poèmes (notamment dans ceux qu'il réunit sous le titre *Gott und Welt*[6]), Goethe reprit et développa l'idée de l'âme du monde, source de la fraternité des créatures qui sont elles-mêmes des parcelles de cette âme universelle; et cette conception qu'enseignèrent déjà les mystères d'Eleusis par l'interprétation qu'ils donnaient du mythe de Perséphone

---

[5] Tout le transitoire n'est que symbole;
Ici, l'insuffisant devient événement.
(Traduction R. R. Schropp.)
[6] *Dieu et le monde*, voir ci-après.

est très voisine de la conception maçonnique de l'unité. C'est la doctrine stoïcienne du lien entre l'âme humaine et l'univers animé que Marcus Manilius exprima dans un distique célèbre :

> *Quis caelum possit nisi caeli munere fosse,*
> *Et reperire deum, nisi qui pars ipse deorum est ?*

et que Goethe traduisit admirablement dans ses *Zahme Xenien* :

> War nicht das Auge sonnenhaft,
> Die Sonne könnt es nie erblicken ;
> Lag nicht in uns des Gottes eigne Kraft,
> Wie könnt uns Göttliches entzücken [7] ?

Cette idée de la participation intime de l'homme à la vie de l'univers, de la correspondance entre le macrocosme et le microcosme, est un des fondements du symbolisme initiatique.

La conception que Goethe a de la vie est nettement dynamiste ; elle s'oppose souvent à celle de Platon, essentiellement statique, et s'apparente étroitement à celle d'Héraclite d'Ephèse dont le *panta rhei* (tout s'écoule) est l'axiome initial. Dans son poème *Eins und Alles*, il dit la volupté qu'il y a à se perdre pour se retrouver dans l'infini :

> Im Grenzenlosen sich zu finden,
> Wird gern der Einzelne verschwinden ;
> Da löst sich aller Ueberdruß ;
> Statt heißem Wünschen, wildem Wollen,
> Statt lästgem Fordern, strengem Sollen
> Sich aufzugeben ist Genuß [8].

---

[7] Si notre œil n'était point semblable au soleil,
   Jamais il ne pourrait voir l'astre du jour ;
   Si la force du dieu n'habitait pas en nous,
   Comment les choses divines nous pourraient-elles ravir ?
[8] Pour se retrouver dans l'infini
   L'homme volontiers se perdra ;
   Car là, les maux s'évanouissent.
   Au lieu de volontés et de désirs brûlants,

mais aussi la puissance qui résulte pour l'homme de ses abandons trans-
formateurs :

> Es soll sich regen, schaffend handeln,
> Erst sich gestalten, dann verwandeln ;
> Nur scheinbar stehts Momente still ;
> Das Ew'ge regt sich fort in allen ;
> Denn alles muß in Nichts zerfallen,
> Wenn es im Sein beharren will [9].

Goethe qui réussit, après d'ardentes luttes dont son œuvre est le témoignage, à devenir un des hommes les plus grands, il ne cesse de montrer à
ses frères le chemin ardu, mais merveilleux, qui conduit au perfectionnement humain. Il leur enseigne l'art difficile, mais royal, de tailler la pierre
brute. Cette métaphore, empruntée au langage symbolique de la franc-
maçonnerie et des confréries de tailleurs de pierre, Goethe s'en est servi à
plus d'une reprise :

> Willst du, daß wir mit hinein,
> In das Haus dich bauen,
> Laß es dir gefallen, Stein,
> Daß wir dich behauen [10].

Cette belle image exprime lumineusement une des idées fondamentales
de sa philosophie.

«Je fus un homme, et cela veut dire : un lutteur», écrivit-il. Le but de
cette lutte, il ne se lasse pas de nous le répéter, est le perpétuel renouvelle-

---

D'exigences et de devoirs sévères,
Le bonheur est dans le renoncement.
[9] Il faut que tout se meuve et agisse,
Que tout prenne forme et se transforme :
L'immobilité n'est qu'apparente.
La force éternelle vit en chacun,
Car tout doit disparaître dans le néant
Pour demeurer dans l'être éternel.
[10] Si tu veux entrer, ô pierre,
Dans la maison que nous bâtissons,
Il te faut accepter
Que nous te taillions.

ment de l'être, la régénération incessante des forces de l'âme et de l'esprit, la destruction de ce qui est vil et faible, pour préparer la voie à ce qui est grand et pur. *Meurs et deviens!* tel est le sublime enseignement qu'il nous donne; c'est aussi la grande leçon de toutes les initiations:

> Und solang du das nicht hast,
> Dieses: Stirb und werde,
> Bist du nur ein trüber Gast
> Auf der dunkeln Erde[11].

Mais cette mort, ce ne sont point des volontés et des circonstances extérieures qui nous la doivent imposer; il faut que l'homme la veuille de sa propre volonté, qu'il la désire de toute son âme, qu'il demeure conscient de cette loi chaque jour de sa vie. Et c'est pour cela que le poème s'ouvre par ces paroles pleines d'un sens profond:

> Sagt es niemand, nur den Weisen,
> Weil die Menge gleich verhöhnet:
> Das Lebendge will ich preisen,
> Das nach Flammentod sich sehnet[12].

Ici, nous touchons au cœur même de l'œuvre ésotérique de Goethe. Nous pénétrons dans ces redoutables et magnifiques abîmes où la raison ne nous accompagne plus, où seule l'intuition éclairera notre route, — comme jadis elle illumina celle de Faust...

Ainsi Goethe nous apparaît comme un de ceux qui franchirent le seuil de Proserpine — pour employer le langage symbolique des mystères anciens — et accédèrent à l'*épopteia* («la vue d'en-haut») qui est le grade suprême de l'initiation éleusinienne. Qu'on relise, dans la seconde partie du *Faust*, cette prodigieuse descente dans les régions insondables où se

---

[11] Aussi longtemps que tu ne connais pas
Ce secret: mourir et devenir,
Tu ne seras qu'un voyageur obscur
Sur cette terre sombre.
[12] Ne le confiez qu'aux sages,
Car la foule rit de ces choses:
Je veux célébrer ce qui est vivant
Et qui désire se consumer dans la mort.

tiennent les «Mères»: dans ces abîmes de la conscience humaine, que Méphistophélès, l'esprit qui sans cesse nie, appelle néant, Faust a trouvé les sources vives et secrètes de l'Univers.

Si Goethe fut un maître comme les hommes en eurent peu, si son enseignement toucha des milliers de cœurs et d'intelligences, si de nombreuses générations puisèrent et puiseront encore dans son œuvre la plus pure des joies, c'est parce que ce grand éducateur savait que le temple — si sagement conçu et si fortement bâti qu'il soit— n'est achevé que lorsque la beauté le couronne. Il n'y a dans l'enseignement de Goethe ni pédanterie, ni sécheresse, ni dogme rigide. Tout y est enveloppé de beauté — de cette beauté dont la lumière rend la sagesse aimable et adoucit la force.

«Cet homme de très grand style», écrit Hettner dans son *Histoire de la littérature allemande*, «auquel la claire compréhension de la vie terrestre a prêté un désir ardent, jamais apaisé, de comprendre non moins clairement les mystères de l'Orient éternel, cet homme qui même à l'instant de sa mort réclamait encore des lumières plus parfaites, il fut nécessairement aussi un frère franc-maçon de très grand style.»

Un maître de l'art royal — qui est l'art de la vie et de la mort; un maître parfait, mais sous les traits de l'homme faillible qu'à nos yeux exalte sa connaissance de son imperfection, tel nous apparaît le franc-maçon Goethe. Infiniment au-dessus de nous, parce qu'il fut un maître; mais infiniment proche de nous, parce qu'il fut un homme.

BIBLIOGRAPHIE

C'est à dessein que nous n'avons pas surchargé de notes et de références notre étude sur Goethe franc-maçon; ainsi espérons-nous en avoir rendu la lecture plus attrayante et lui avoir épargné le caractère toujours un peu rébarbatif des ouvrages d'érudition.

Cependant, à l'adresse de ceux que le sujet intéresse, nous donnons ci-après quelques indications bibliographiques.

1° Parmi les œuvres de Goethe, ce sont avant tout les deux parties du *Faust*, le *Wilhelm Meister*, son autobiographie ainsi que son œuvre poétique qui entrent ici en ligne de compte; d'autre part, ses *Entretiens avec Eckermann*, avec Soret et avec le chancelier von Muller contiennent de précieuses indications; de même ses écrits sur la nature.

2° Sur Goethe franc-maçon, on consultera avec fruit les études suivantes:

Hugo Wernekke: *Goethe und die königliche Kunst*, Berlin, 1923;
Gotthold Deile: *Goethe als Freimaurer*, Berlin, 1908;
A. Spancken: *Goethe als Freimaurer*, Leipzig, 1926.
Fr. Zollinger, *Goethe in Zürich*, Zurich, 1931.

3° Quant à la franc-maçonnerie en général, on trouvera tous les renseignements nécessaires dans les ouvrages suivants:

Albert Lantoine: *Histoire de la Franc-Maçonnerie française*, Paris, 1927;
Albert Lantoine: *La Franc-Maçonnerie écossaise en France*, Paris, 1930;
Eugen Lennhoff: *Die Freimaurer*, 2ᵉ édit., Vienne, 1930.

De même dans les ouvrages répandus de Kioss, Boos, Findel et Gould. — Il vient de paraître, aux éditions Amalthéa, à Vienne, une *Encyclopédie maçonnique internationale*, par Lennhoff et Posner, dans laquelle on trouvera près de 6000 rubriques relatives à l'histoire, aux rites et à l'idéologie maçonniques, de même que de nombreuses références biographiques.

4° Enfin, sur l'aspect si captivant du XVIIIᵉ siècle, auquel nous avons consacré un chapitre, on lira entre autres ouvrages :

Ducros : *Les Encyclopédistes,* Paris 1900 ;

Le Forestier : *L'occultisme et la Franc-Maçonnerie écossaise,* Paris, 1928 ;

Dr M. Haven : *Le maître inconnu : Cagliostro,* Paris, 1922 [13] ;

Baron de Gleichen. : *Souvenirs,* Paris, 1868 ;

G. Martin : *La Franc-Maçonnerie française et la préparation de la Révolution française,* Paris, 1926 ;

Lessing : *Ernst et Falk, entretiens pour Francs-Maçons.*

Wittemans : *Histoire des Rose-Croix,* Paris 1926.

---

[13] Réédition : arbredor.com, 2004. NDE.

DIEU ET LE MONDE

Vaste monde et large vie, vertueux efforts de
longues années ; toujours chercher et toujours
fonder, ne finir jamais, polir souvent ; garder
l'ancien avec fidélité, accueillir le nouveau
avec bienveillance ; une pensée sereine et des
intentions pures : eh bien, on avance du moins
de quelques pas.

Proœmium

Au nom de Celui qui se créa lui-même, de toute éternité en fonction créatrice ; en son nom, qui crée la foi, la confiance, l'amour, l'activité, la force ; au nom de Celui qui, si souvent nommé, est resté toujours inconnu dans son essence :

Aussi loin que l'oreille, aussi loin que l'œil puisse atteindre, tu ne trouves que le connu qui lui ressemble, et le vol enflammé de ton esprit, si haut qu'il s'élève, a bien assez du symbole, assez de l'image ; tu es attiré, entraîné, ravi ; où que tu t'avances, le chemin et le lieu se parent ; tu ne comptes plus, tu ne calcules plus le temps, et chaque pas est l'immensité.

Que serait un Dieu qui donnerait seulement l'impulsion du dehors ; qui ferait tourner l'univers en cercle autour de son doigt ? Il lui sied de mouvoir le monde dans l'intérieur, de porter la nature en lui, de résider lui-même dans la nature, si bien que ce qui vit et opère et existe en lui ne soit jamais dépourvu de sa force, de son esprit.

Dans l'intérieur est aussi un univers : de là l'usage louable des peuples, que chacun nomme Dieu, et même son Dieu, ce qu'il connaît de meilleur, lui abandonne le ciel et la terre, le craigne et, s'il est possible, l'aime.

L'âme du monde[1]

Dispersez-vous de ce saint banquet dans toutes les régions.

Élancez-vous avec enthousiasme, à travers les zones les plus voisines, dans l'univers et le remplissez !

Déjà vous bercez, dans des lointains immenses, l'heureux songe des dieux, et vous brillez, astres nouveaux, parmi les astres, vos frères, dans les champs semés de lumière.

Puis vous courez, puissantes comètes, dans des espaces toujours plus grands ; le labyrinthe des soleils et des planètes entrecoupe votre carrière.

---

[1] Le point de départ de cette pièce est pris dans la philosophie de Schelling.

Vous vous emparez brusquement des terres informes et vous déployez votre jeune force créatrice afin qu'elles s'animent, qu'elles s'animent de plus en plus, dans leur vol mesuré.

Et, faisant votre période, vous produisez dans les airs émus les fleurs diverses ; vous imposez à la pierre, dans tous ses abîmes, ses formes permanentes.

Alors, avec une audace divine, tout s'efforce de se surpasser ; l'eau stérile veut verdoyer et chaque grain de poussière s'anime.

Ainsi, par une lutte amicale, vous dissipez la nuit des vapeurs humides ; puis les vastes plaines du paradis resplendissent, émaillées des plus riches couleurs.

Bientôt s'éveille, pour contempler la douce lumière, une multitude aux milles formes, et vous êtes saisis d'étonnement dans les campagnes heureuses, premier couple d'amants !

Bientôt s'apaise une ardeur sans bornes dans l'échange délicieux des regards, et vous recevez avec reconnaissance la plus belle vie, qui émane de l'être universel et que vous lui rendez.

L'INDIVIDU ET LE TOUT

Pour se retrouver dans l'infini, l'individu s'évanouit volontiers. Là se dissipe tout ennui. Au lieu du brûlant désir, de la fougueuse volonté, au lieu des fatigantes exigences, du rigoureux devoir, s'abandonner est une jouissance.

Ame du monde, viens nous pénétrer ! Et la noble fonction de nos forces sera de lutter nous-mêmes avec l'esprit de l'univers. De bons génies, qui nous aiment, nous conduisent doucement, instituteurs sublimes, vers Celui qui crée et créa tout.

Et, pour transformer la création, afin qu'elle ne se retranche pas dans l'immobilité, opère l'action éternelle vivante. Ce qui n'était pas veut maintenant prendre l'être comme purs soleils, comme terres colorées, et ne doit jamais rester en repos.

Il faut qu'il se meuve, qu'il agisse en créant, qu'il se forme d'abord, puis se transforme ; s'il semble se reposer un moment, ce n'est qu'une apparence. L'essence éternelle se meut sans cesse en toutes choses, car tout doit tomber dans le néant, s'il veut persister dans l'être.

Testament

Aucun être ne peut tomber dans le néant ; l'essence éternelle ne cesse de se mouvoir en tous ; attachez-vous à la substance avec bonheur. La substance est impérissable, car des lois conservent les trésors vivants dont l'univers a fait sa parure.

La vérité était trouvée depuis longtemps ; elle a réuni les nobles esprits ; l'antique vérité, sachez la saisir. Fils de la terre, rendez grâce au sage qui lui apprit à circuler autour du soleil, et prescrivit à sa sœur la route qu'elle doit suivre.

Et maintenant portez votre vue au dedans de vous-mêmes : vous y trouverez le centre dont aucun esprit ne saurait douter. Vous n'y manquerez pas règle, car la conscience indépendante est un soleil pour votre jour moral.

Vous devez ensuite vous fier aux sens ; leurs impressions ne sont jamais fausses, si votre raison vous tient éveillé. D'un vif regard, observez avec joie, et marchez avec fermeté comme avec souplesse, à travers les campagnes de la terre féconde.

Usez modérément de l'abondance ; que la raison soit partout présente, quand la vie jouit de la vie ; ainsi le passé est stable, l'avenir est déjà vivant, le moment est l'éternité.

Et, si vous avez enfin réussi à vous persuader pleinement que ce qui est fécond est seul véritable, vous sondez la providence universelle ; elle gouvernera selon ses vues ; associez-vous au petit nombre.

Et comme de tout temps le philosophe, le poète, suivant sa propre volonté, produisit en silence une œuvre favorite, vous viserez à la faveur la plus belle, car pressentir ce que sentiront les nobles âmes est la vocation la plus digne d'envie.

Parabase[2]

Voici bien des années que mon esprit, avec joie, avec zèle, s'était ef-

---

[2] Ce terme appartient proprement à l'histoire de la comédie grecque, et désigne un discours que le poète adressait, par forme de digression, aux spectateurs. C'est donc ici une sorte d'Avis au lecteur.

forcé de rechercher, de découvrir, comment la nature vivante opère dans la création : et c'est l'éternelle unité qui se manifeste sous mille formes ; le grand en petit, le petit en grand, toute chose selon sa propre loi, sans cesse alternant, se maintenant, près et loin, loin et près, formant, transformant... Pour admirer, je suis là !

LA MÉTAMORPHOSE DES PLANTES

Ma bien-aimée, il te confond, le mélange infini des fleurs qui peuplent en foule ce jardin ; tu entends beaucoup de noms, et, avec leurs sons barbares, l'un chasse l'autre de ton oreille. Toutes les formes sont semblables et aucune n'est pareille à l'autre : ainsi l'ensemble décèle une secrète loi, une sainte énigme. Oh ! si je pouvais, mon amie, t'en livrer d'abord le mot heureusement ! Observe la plante dans sa naissance ; comme, conduite par degrés, elle se forme peu à peu en fleurs et en fruits. Elle se développe de la semence, aussitôt que le sein mystérieusement fécond de la terre fait doucement passer le germe à la vie, et confie d'abord à l'action de la lumière sacrée, incessamment mobile, la frêle structure des feuilles naissantes. La force sommeillait simple dans la semence, comme un type naissant ; renfermés en eux-mêmes, demeuraient pliés sous l'enveloppe, feuilles, racines et germe, demi-formés, incolores ; la graine sèche renferme et garde une tranquille vie ; elle surgit, s'élance, se liant à l'humidité propice, et se dégage aussitôt de la nuit qui l'environne ; mais la forme de la première apparition reste simple, et, même parmi les plantes, se remarque aussi l'enfant. Aussitôt après, une autre impulsion succède et renouvelle toujours, nœuds sur nœuds échafaudée, la première figure : non pas toujours pareille, il est vrai ; car la feuille suivante se développe toujours, tu le vois, avec une forme diverse, plus étendue, plus dentelée, plus découpée en pointes et en lobes, qui, soudés auparavant, reposaient dans l'organe inférieur. C'est ainsi seulement que la plante arrive à sa plus haute perfection, qui, dans mainte espèce, excite ton étonnement. Déployée en nervures et en dentelures sans nombre, sur la feuille vigoureuse et luxuriante, la richesse de la végétation semble être libre et infinie : cependant la nature, de ses mains puissantes, arrête la croissance, et la mène doucement à un état plus parfait. Elle conduit plus modérément la sève, étrécit les vaisseaux, et la forme annonce d'abord des effets plus délicats. L'essor des parties extérieures se réduit peu à peu et les côtes de la tige achèvent de se former : mais soudain s'élève, sans feuilles, le pédoncule délicat, et une merveilleuse image attire l'observateur. Des folioles, en nombre fixe ou indéterminé, se disposent en cercle, chacune à côté de sa pareille ; serré autour de l'axe, se distingue le calice protecteur, qui laisse sortir, pour leur développement suprême, les pétales colorés. Ainsi triomphe la nature dans sa haute et complète manifestation ; elle montre membre à membre, avec ordre étagé. C'est toujours avec une surprise nouvelle que tu vois, sur la tige, la fleur se balancer au-dessus du frêle échafaudage des feuilles changeantes. Mais cette magnificence est l'augure d'une création nouvelle. Oui, la feuille colorée sent la main divine et se replie soudain ; les formes les plus délicates se produisent deux à deux, destinées à s'unir ; les voilà secrètement assemblés, les couples charmants ; ils se rangent nombreux autour de l'autel sacré ; Hymen arrive à tire-d'aile, et des émanations exquises, puissantes, répandent un doux parfum qui anime tout alentour. Alors se séparent et s'enflent soudain des germes innombrables, tendrement enveloppés dans le sein maternel des fruits turgescents. Ici la nature clôt le cercle de son éternelle activité, mais un nouveau s'enlace d'abord au précédent, afin que la chaîne se prolonge à travers tous les âges et que l'ensemble vive comme l'individu. Tourne à présent, ô mon amie, tes regards vers cette foule bigarrée qui ne s'agite plus confusément devant ton esprit. Chaque plante t'annonce les lois éternelles ; chaque fleur te parle un langage de plus en plus distinct. Mais, si tu déchiffres ici les caractères sacrés de la déesse, tu les vois ensuite partout, même que le trait est changé : que la chenille rampe lentement ; que le papillon voltige empressé ; que l'homme lui-même change artistement la figure naturelle. Oh ! songe aussi comme, du germe de la connaissance, se forma chez nous peu à peu la douce habitude ; l'amitié se développa avec force dans notre sein et l'amour produisit enfin des fleurs et des fruits. Songe avec quelle variété la nature, déployant mille formes tour à tour, les a prêtées à nos sentiments ! Jouis aussi du jour présent ! L'amour sacré aspire à la suprême jouissance de sentiments pareils, de vues pareilles, sur les choses, afin que, dans une harmonieuse contemplation, le couple s'unisse, et trouve le monde supérieur.

Epirrhéma[3]

Dans la contemplation de la nature, vous devez toujours considérer l'individu comme un ensemble ; rien n'est dedans, rien n'est dehors, car ce qui est dedans est dehors. Comprenez ainsi sans retard le mystère saint et manifeste.

Prenez plaisir à l'apparence vraie, à l'amusement sérieux ; nulle chose vivante n'est jamais une, elle est plusieurs toujours.

La métamorphose des animaux.

Si vous osez, ainsi préparé, franchir le dernier degré de ce sommet, donnez-moi la main et portez un libre regard sur le vaste champ de la nature. La déesse dispense de toutes parts les riches dons de la vie ; mais sans éprouver, comme les femmes mortelles, aucun souci pour la subsistance de ses enfants. Cela ne lui sied point, car elle a établi de deux façons la loi suprême : elle a borné chaque vie ; elle lui a donné des besoins mesurés, et a répandu sans mesure des dons faciles à trouver ; elle favorise doucement les joyeux efforts de ses enfants pour subvenir à leurs besoins divers. Sans l'avoir appris d'un maître, ils prennent l'essor selon leur destinée.

Chaque animal est son but à lui-même ; il sort parfait du sein de la nature et produit des enfants parfaits. Tous les membres se façonnent d'après les lois éternelles, et la forme la plus bizarre conserve en secret le type primitif. Ainsi chaque bouche est habile à prendre la nourriture convenable au corps, que les mâchoires soient faibles, soient édentées ou pourvues de dents puissantes ; dans chaque circonstance, un organe approprié procure aux autres membres la nourriture. Les pieds aussi, qu'ils soient longs, qu'ils soient courts, se meuvent constamment dans une parfaite harmonie avec l'instinct de l'animal et ses besoins. Ainsi une santé pure et parfaite est transmise par la mère à chacun de ses enfants, car tous les membres vivants, sans se contredire jamais, concourent ensemble à la vie. Ainsi la conformation détermine le genre de vie de l'animal, et le genre de vie réagit puissamment sur toutes les formes. Ainsi se montre permanente la

---

[3] Ce qu'on ajoute au discours. Dans le théâtre antique, certaine partie du chant des chœurs. C'est ici une sorte d'épilogue.

structure organisée qui se plie au changement par des agents extérieurs. Mais, à l'intérieur, la force des plus nobles créatures se trouve circonscrite dans le cercle sacré de l'organisation vivante. Nulle divinité n'étend ces limites ; la nature les respecte ; car c'est seulement dans cette mesure que le parfait était possible.

Toutefois, à l'intérieur, un esprit semble lutter violemment et voudrait briser le cercle, pour donner le libre choix aux formes comme à la volonté ; mais, ce qu'il essaye, il l'essaye en vain. En effet il se porte vers tels ou tels membres ; il les doue puissamment ; mais en revanche d'autres membres déjà languissent ; l'effort de la prépondérance détruit toute beauté de la forme et tout mouvement pur. Si tu vois donc quelque avantage particulier accordé à une créature, demande d'abord où elle souffre ailleurs de quelque défaut, et cherche avec un esprit investigateur, tu trouveras aussitôt la clef de toute organisation. Ainsi nul animal dont la mâchoire supérieure est tout armée de dents ne porta jamais de cornes sur le front. Il est absolument impossible à la mère éternelle de former le lion cornu, quand elle y emploierait toutes ses forces, parce qu'elle n'a pas assez de matière pour planter au complet les rangées des dents et faire aussi pousser des bois et des cornes.

Que cette idée de puissance et de bornes, d'arbitraire et de lois, de liberté et de mesure, d'ordre mobile, d'avantages et de défauts, que cette belle idée te charme ! La sainte Muse te la présente avec harmonie, s'instruisant avec une douce contrainte. Le penseur moraliste, l'homme actif, l'artiste créateur ne saurait s'élever à une plus haute pensée ; le souverain qui mérite de l'être ne jouit que par elle de sa couronne. Réjouis-toi, chef-d'œuvre de la nature : tu te sens capable de concevoir après elle la plus sublime pensée à laquelle, en créant, elle s'éleva. Ici, arrête-toi et tourne tes regards en arrière : examine, compare et reçois par la bouche de la Muse l'aimable et parfaite certitude que tu vois ; que tu ne rêves point.

ANTÉPURRHÉMA[4]

Observez donc, d'un regard modeste, le chef-d'œuvre de l'ouvrière éternelle ; comme une pression du pied fait mouvoir des fils sans nombre.

---

[4] C'est la contre-partie de l'*épirrhéma*, placé à la suite de la Métamorphose des plantes.

Les navettes passent et repassent, les fils se croisent et cheminent, un choc produit mille combinaisons ; et cela, elle ne l'a point amassé en mendiant, elle l'a ourdi de toute éternité, afin que le Maître éternel puisse avec confiance passer la trame.

PAROLES PRIMITIVES
(POÉSIE ORPHIQUE)

Daimon – Génie.

Comme dans le jour qui t'a donné au monde le soleil était là pour saluer les planètes, tu as aussitôt grandi sans cesse, d'après la loi selon laquelle tu as commencé. Telle est ta destinée, tu ne peux t'échapper à toi-même ; ainsi parlaient déjà les sibylles, ainsi les prophètes ; aucun temps, aucune puissance, ne brise la forme empreinte qui se développe dans le cours de la vie.

Tukê – L'Accidentel.

Cependant autour de la rigoureuse limite circule avec grâce un élément mobile qui chemine avec nous et autour de nous ; on ne reste pas solitaire, on se forme en société, et l'on agit volontiers comme un autre agit : dans la vie, ce sont tantôt des chutes, tantôt des rechutes ; c'est un jeu frivole, qui se joue jusqu'au bout ; déjà le cercle des ans s'est arrondi en silence ; la lampe attend la flamme qui embrase.

Eros – Amour.

Cette flamme ne tarde pas !… Il se précipite du ciel, où il s'était envolé de l'antique désert ; il approche, balancé sur ses ailes aériennes, autour du front et du sein, tant que dure le jour de printemps ; puis il semble fuir, il revient de sa fuite, et dans la souffrance naît une volupté douce et inquiète à la fois… Bien des cœurs se dissipent dans l'universel, mais le plus noble se voue à l'unité.

Anankê. – Nécessité.

C'est donc toujours comme les étoiles le voulaient : condition et loi et tout désir ne sont qu'une volonté, parce que nous étions liés, et que, devant la volonté, se tait la fantaisie. Ce qu'on aime le plus est repoussé loin du cœur; volonté et caprice se plient à la rigoureuse contrainte. Nous sommes donc libres en apparence, et, après maintes années, plus gênés encore que nous ne le fûmes au commencement.

Elpis. – Espérance.

Mais la porte maudite de ces barrières, de ces murs d'airain, voit tomber ses verrous, bien qu'elle se dresse avec la persistance des rochers antiques. Une déesse prend sa course légère et sans entraves; de la voûte des nues, de la brume, de la triste pluie, elle se lève pour nous, créature ailée qui nous donne des ailes. Vous la connaissez bien, elle voltige à travers toutes les zones : un coup d'aile… et derrière nous les âges !

ATMOSPHÈRE

«Que le monde est grand et spacieux! Que le ciel est vaste et sublime! Il me faut tout saisir du regard, mais je ne puis bien le concevoir.»

Pour te retrouver dans l'infini, commence par séparer et puis rassemble. C'est pourquoi ma chanson ailée rend grâce à l'homme qui a séparé les nuages.

SOUVENIR D'HONNEUR À HOWARD[5]

Si la déesse Marupa[6], auguste et sublime, planant dans les airs, passe, légère ou pesante, rassemble les plis de son voile ou les disperse, se plaît au changement de formes, tantôt demeure immobile, tantôt s'évanouit comme un songe, nous sommes saisis d'étonnement et nous en croyons à peine nos yeux.

Maintenant se déploie avec audace la force de sa propre création, qui façonne l'indéfini en chose finie; ici menace un lion, là flotte un éléphant, le cou d'un chameau, tourné vers le dragon; une armée s'avance, mais elle ne triomphe pas : la force la brise contre des roches escarpées; le plus fi-

---

[5] Physicien et météorologiste anglais.
[6] Dans la mythologie indienne, la déesse qui préside aux nuages.

dèle messager des nues se dissipe lui-même, avant d'atteindre les lointains auxquels on aspire.

Mais Howard, avec un pur sentiment, nous offre le précieux avantage de leçons nouvelles : ce qui ne peut se saisir, ce qui ne peut s'atteindre, lui, le premier, il s'en empare, il s'en rend maître ; il détermine l'indéterminé, il le circonscrit, il le dénomme exactement... Honneur à toi !... En voyant les vapeurs monter, former des masses, s'éparpiller, tomber, que le monde reconnaissant se souvienne de toi !

STRATUS

Lorsque, du tranquille miroir des eaux, un brouillard s'élève et se déploie en plaine tout unie, la lune, associée à l'ondoyant phénomène, paraît comme un fantôme créant des fantômes : alors, ô nature, nous sommes tous, nous l'avouons, des enfants amusés et réjouis ! Puis, s'il s'élève contre la montagne, assemblant couches sur couches ; il assombrit au loin la moyenne région, disposé à tomber en pluie comme à monter en vapeur.

CUMULUS

Et si l'imposante masse est appelée dans les hauteurs de l'atmosphère, le nuage s'arrête en sphère magnifique ; il annonce, dans sa forme décidée, la puissance d'action, et ce que vous craignez et même ce que vous éprouvez, comme en haut est la menace, en bas est le tremblement.

CIRRUS

Mais la noble impulsion le fait monter toujours davantage. Une facile et divine contrainte est sa délivrance. Un amas de nuages se disperse en flocons pareils à des moutons bondissants, multitude légèrement peignée. Ainsi, ce qui doucement ici-bas prit naissance, là-haut s'écoule enfin sans bruit dans le giron et dans la main du Père.

Nimbus

Et ce qui s'est amassé là-haut, attiré par la force de la terre, se précipite aussi avec fureur en orages, se déploie et se disperse comme des légions. Destinée active et passive de la terre! Mais élevez vos regards avec l'image : la parole descend, car elle décrit; l'esprit veut monter où il demeure éternellement.

Bon à observer

Et quand nous aurons distingué, nous devrons prêter à la chose séparée les dons de la vie et jouir d'une vie continuée.

Si donc le peintre, le poète, familiarisé avec l'analyse de Howard, aux heures du matin ou du soir, contemple et observe l'atmosphère,

Il laisse subsister le caractère, mais les mondes aériens lui donnent les tons suaves, nuancés, pour qu'il les saisisse, les sente et les exprime.

De quoi il s'agit
(Au chrom atiste[7])

Si tu approches de nous la nature, en sorte que chacun en puisse profiter, tu n'as rien inventé de faux, tu t'es assuré la faveur des hommes.

Pouvez-vous morceler la lumière, en dégager couleur après couleur, ou faire d'autres jongleries, polariser des globules, tellement que l'auditeur, saisi d'effroi, soit comme stupéfié? Non vous ne réussirez pas, vous ne nous mettrez pas de côté : avec ardeur, comme nous avons commencé, nous voulons parvenir au but.

Usage reçu

Les prêtres chanteront la messe et les ministres prêcheront; avant tout, chacun se déchargera de son opinion et mettra sa joie dans la paroisse qui se rassemble autour de l'officiant et, dans l'ancien comme dans le nouveau,

---

[7] C'est-à-dire au physicien qui s'occupe des couleurs (NDT).

bégaye des paroles au hasard ; laissez-moi donc aussi annoncer les couleurs à ma façon, sans blessures, sans cicatrices, avec le plus véniel des péchés.

LOI DU SOMBRE

Amis, fuyez la chambre obscure, où l'on vous déchiquette la lumière et où, l'on se courbe, avec la plus pénible souffrance, devant des images faussées. De superstitieux admirateurs, il en fut assez de nos jours. Dans les cerveaux de vos maîtres, laissez fantômes, prestige et tromperie.

Lorsque, dans les jours sereins, vos regards se lèvent vers le ciel bleu ; lorsqu'au souffle du siroco, le char du soleil se couche dans la pourpre enflammée, vous rendez honneur à la nature, joyeux, la vue saine, le corps sain, et vous reconnaissez la base générale, éternelle, de la doctrine des couleurs.

SANS DOUTE !
(AU PHYSICIEN[8])

« Dans l'intérieur de la nature… » O Philistin ! « Ne pénètre aucun esprit créé.» Veuillez donc ne pas rappeler cette parole à moi et à mes frères ! Nous pensons qu'à chaque place, nous sommes dans l'intérieur. « Heureux celui à qui elle montre seulement la coquille !» Voilà les discours que j'entends répéter depuis soixante ans ! Je les maudis, mais tout bas ; je me dis mille et mille fois : Elle donne tout en abondance et volontiers ; la nature n'a ni amande ni coquille ; elle est toutes choses à la fois. Examine-toi avant tout, pour savoir si tu es amande ou coquille.

ULTIMATUM

Donc, je le dis pour la dernière fois, la nature n'a ni amande, ni coquille : examine-toi avant tout, pour savoir si tu es amande ou coquille.

---

[8] C'est Albert de Hailer que Goethe a en vue (NDT).

«Nous te connaissons, fripon que tu es! tu ne fais que des farces; mais devant notre nez beaucoup de portes sont closes.»

Vous suivez une trace trompeuse : ne croyez pas que je badine. L'amande de la nature n'est-elle pas dans le cœur de l'homme?

LES SAGES ET LES GENS

EPIMÉNIDE. Venez, frères, rassemblez-vous dans le bois. Déjà le peuple nous assiège ; il afflue du nord, du sud, de l'ouest et de l'est. Il souhaite fort qu'on l'instruise, mais sans qu'il lui en coûte aucune peine. Je vous en prie, tenez-vous prêts à le semoncer vertement.

LES GENS. Holà, rêveurs, il s'agit de nous répondre aujourd'hui nettement, et non avec des formes obscures. Parlez! le monde est-il de toute éternité?

ANAXAGORE. Je le crois, car tout le temps où il n'aurait pas encore été… c'eût été dommage.

LES GENS. Mais est-il menacé de ruine?

ANAXIMÈNE. Probablement, mais je n'en suis pas fâché; car, pourvu que Dieu demeure éternellement, les mondes ne manqueront pas.

LES GENS. Mais qu'est-ce que l'infini?

PARMÉNIDE. A quoi bon te tourmenter ainsi? Rentre en toi-même. Si tu n'y trouves pas l'infini dans l'esprit et la pensée, on ne peut rien pour toi.

LES GENS. Où pensons-nous et comment pensons-nous?

DIOGÈNE. Cesser donc d'aboyer! Le penseur pense de la tête aux pieds, et, aussi vite que l'éclair, se montre à lui le quoi, le comment, le mieux.

LES GENS. Est-ce qu'une âme habite vraiment en moi?

MIMNERME. Demande-le à tes hôtes. Car, vois-tu, je te l'avoue, la substance aimable et ravie qui rend heureux elle-même et les autres, je l'appellerais volontiers une âme.

LES GENS. Pendant la nuit, le sommeil se répand-il aussi sur elle?

PÉRIANDRE. Elle ne peut se séparer de toi. O corps, ceci est ton affaire. As-tu bien pris soin de toi, elle goûte un repos qui la restaure.

LES GENS. Qu'est-ce donc que cette chose qu'on nomme esprit?

CLÉOBULE. Ce qu'on appelle ordinairement esprit répond, mais n'interroge pas.

LES GENS. Explique-moi ce que c'est qu'être heureux?

CRATÈS. Vois l'enfant nu, il n'hésite point ; il s'élance dehors avec son denier et connaît fort bien le gîte des petits pains, je veux dire la boutique du boulanger.

LES GENS. Dis-moi, qui prouvera l'immortalité ?

ARISTIPPE. Il file le vrai fil de la vie, celui qui vit et laisse vivre ; qu'il tourne toujours, qu'il torde ferme, le bon Dieu dévidera.

LES GENS. Vaut-il mieux être fou que sage ?

DÉMOCRITE. Cela s'entend bien aussi. Si le fou se croit assez sage, le sage lui laisse sa croyance.

LES GENS. Le hasard et l'illusion règnent-ils seuls ?

EPICURE. Je reste dans mon ornière. Force le hasard à t'être favorable, laisse l'illusion réjouir tes yeux : tu trouveras profit et plaisir dans tous deux.

LES GENS. Notre libre arbitre est-il mensonge ?

ZÉNON. Il ne s'agit que d'essayer. Persiste dans ta volonté, et, quand même tu finirais par succomber, cela ne signifie pas grand'chose.

LES GENS. Suis-je né méchant ?

PÉLAGE. On peut bien te souffrir ; cependant, tu as apporté du sein de ta mère un lot insupportable, c'est de questionner sottement.

LES GENS. L'instinct du perfectionnement est-il notre apanage ?

PLATON. Si le perfectionnement n'était pas le plaisir du monde, tu ne ferais pas de questions. Tâche d'abord de vivre avec toi, et, si tu ne peux te comprendre toi-même, ne tourmente pas les autres.

LES GENS. Mais l'égoïsme et l'argent dominent !

EPICTÈTE. Laisse-leur le butin. Tu ne dois pas envier au monde ses jetons.

LES GENS. Eh bien, avant que nous soyons séparés pour jamais, dis-moi ce qui a droit de nous plaire.

LES SAGES. Pour moi, la première loi du monde est de fuir les questionneurs.

PARABOLES

Ce qui nous afflige dans la vie, on en jouit
volontiers en image.

Explication d'une gemme antique

Un jeune figuier s'élève dans un beau jardin ; auprès est assis un bouc, comme s'il voulait le garder.

Mais, Quirites, comme on se trompe ! L'arbre est mal défendu ; et, de l'autre côté, bourdonne un scarabée qui vient d'éclore.

Il vole, le héros cuirassé, et il grignote dans les rameaux, et, de son côté, le bouc a grande envie de se dresser tout à son aise.

Aussi voyez, amis, l'arbrisseau déjà presque dépouillé de feuilles ; il est là tout triste et il implore les dieux.

C'est pourquoi écoutez ces bonnes leçons, enfants, dans votre âge tendre : du bouc et du scarabée il faut garder l'arbrisseau.

Le pâté de chat

Si un regard libre et tranquille annonce l'investigateur de la nature, que la géométrie la suive à la trace avec précaution et confiance.

A la vérité l'un et l'autre dons peuvent aussi se réunir chez un homme ; mais, que ce soient deux métiers, c'est ce qu'on ne saurait nier.

Il y avait une fois un brave cuisinier, habile dans son art ; il lui prit un jour fantaisie de faire le chasseur.

Il se rendit, armé d'un fusil, dans la verte forêt, où le gibier foisonnait, et bientôt il tire un chat qui se régalait de petits oiseaux.

Il le prit pour un lièvre, et n'en voulut pas démordre ; il en fit un pâté bien épicé et le servit aux gens.

Mais cela fâcha maints convives, certains palais subtils. Le chat que tire le chasseur, le cuisinier n'en fait jamais un lièvre.

Séance[9]

C'est ici que, sous leur propre nom, les lettres se rassemblaient autrefois. Habillées d'écarlate, les voyelles siégeaient aux places d'honneur. A, E, I, O,

---

[9] Ce titre est en français dans l'original (NDT).

U poussaient des cris étranges. Les consonnes vinrent, d'une marche compassée, et durent premièrement demander d'être admises. Le président A leur était favorable : on leur assigna des places. Mais d'autres durent se tenir debout : telles furent PH, TH, et semblables consonnes. Alors, on se mit à bavarder sans rime ni raison : c'est ce qu'on appelle une Académie.

Légende

Un saint homme rencontra dans le désert, à sa grande surprise, un faune aux pieds de chèvre qui lui dit : « Seigneur, priez pour moi et pour ma compagne, afin que je sois admis dans le ciel aux délices des bienheureux ; nous en avons soif. » Le saint homme répondit : « Ta prière est fort délicate et sera difficilement exaucée. Tu n'arriveras pas à être salué par les anges, car tu as un pied de chèvre. » L'homme sauvage repartit : « Que vous a fait mon pied de chèvre ? N'ai-je pas vu maints personnages aller au ciel, bel et bien, avec des têtes d'ânes ? »

Les auteurs

Dans la prairie, le long du ruisseau, à travers son jardin, il cueille les plus jeunes fleurs ; l'attente fait battre son cœur : son amie vient…, ô joie ! ô bonheur ! Jeune homme, tu échanges tes fleurs contre un regard.

Le jardinier voisin l'observe par-dessus la haie. « Moi, je serais si fou ?… Je prends plaisir à cultiver mes fleurs, à défendre mes fruits contre les oiseaux ; mais, s'ils sont mûrs, de l'argent, mon ami ! Dois-je perdre ma peine ? »

Tels sont les auteurs, à ce qu'il semble : l'un prodigue ses jouissances à ses amis, au public, l'autre commence par se faire payer.

Le critique

Un drôle vint dîner chez moi. Il ne me fut pas trop à charge : j'avais justement mon ordinaire. Le compagnon s'empiffre ; il avale, au dessert, ce que j'avais mis en réserve, et, à peine est-il rassasié, que le diable le mène chez le voisin pour raisonner sur ma cuisine. «La soupe aurait pu être mieux assaisonnée, le rôti plus brun, le vin plus fait.» Malédiction! Assomme-moi ce chien! C'est un critique.

L'AMATEUR ET LE CRITIQUE

Un petit garçon avait une tendre colombe, de couleur belle et bigarrée; il la chérissait à la manière des enfants; il lui donnait la becquée de ses lèvres, et il prenait tant de plaisir à sa colombe, qu'il ne pouvait s'en amuser seul.

Non loin de là vivait un vieux renard, expérimenté, savant et bavard par conséquent; il avait maintes fois diverti l'enfant, hâblé et bavardé de prodiges et de mensonges.

«Il faut pourtant que je montre à mon renard ma colombelle.» Il courut et le trouva couché dans les buissons. «Vois-tu, renard, ma chère colombe, ma colombe jolie? As-tu vu de tes jours une colombe pareille?»

«Montre-la-moi!» L'enfant la donne. «Elle n'est pas mal: mais il y manque bien des choses encore. Les plumes, par exemple, sont trop courtes.» Puis il se met à plumer le rôti. L'enfant de crier.

«Il te faut en planter de plus fortes: autrement ça n'est pas joli, ça ne vole pas.» L'oiseau était un… un monstre!… et puis en pièces! L'enfant a le cœur déchiré.

Qui se reconnaît dans cet enfant se donne garde des renards!

NÉOLOGUES

Je rencontrai un jeune homme et lui demandai son métier. Il dit: «Je travaille du mieux que je puis, afin de m'acheter, avant de mourir, une petite ferme.» Je lui dis: «C'est fort bien pensé,» et je souhaitai que ce fût déjà pour lui chose faite. J'appris alors qu'il tenait de son cher papa, et aussi de madame sa mère, de magnifiques seigneuries.

Voilà ce que j'appelle des esprits originaux[10].

---

[10] Selon Viehoff, ces originaux sont certains écrivains allemands, qui possèdent un noble et riche idiome, et sont à la recherche de quelques termes nouveaux dont la langue pourrait se passer (NDT).

Epilogueur

Un sot impudent, qui jugeait que les choses artistement étalées à sa vue, par les soins de l'artisan, étaient là pour lui seul, maniait pêle-mêle les brillantes marchandises de l'homme patient, et les évaluait à sa fantaisie, le mauvais bien cher, le bon à vil prix, sans gène, le visage riant, puis il s'en allait et n'achetait rien.

Cela finit par fâcher le marchand, et, au bon moment, il chauffe à brûler un élégant fermoir d'acier. Notre sot s'écrie d'abord : «Qui achètera de si mauvaise marchandise? L'acier en est affreusement terni!» Il y porte bêtement la main, et pousse des cris lamentables : «Qu'y a-t-il?» dit le marchand. Et le quidam de s'écrier : «Quelle froide plaisanterie!»

Le clabaudeur

Nous chevauchons deçà, delà, après les plaisirs et les affaires : mais sans cesse on clabaude et l'on aboie derrière nous autant qu'on a de forces. Ainsi le roquet veut nous accompagner sans cesse quand nous sortons de notre écurie, et les éclats de ses aboiements prouvent seulement que nous chevauchons.

La célébrité

Sur les grands et les petits ponts, se voient des Népomucènes de toute forme, d'airain, de bois peint, de pierre, grands comme des colosses, petits comme des poupées. Chacun y fait ses prières, parce que Népomucène perdit la vie sur le pont.

Quelqu'un est-il une fois élevé au rang des saints, avec la tête et les oreilles, ou bien a-t-il misérablement fini sa vie par les mains du bourreau, il a désormais qualité pour briller au loin en image. Gravure sur cuivre, gravure sur bois, s'empressent de le faire connaître à tous les mondes ; toute figure est bien reçue, si elle peut faire étalage de son nom, et nous savons que le seigneur Jésus ne s'est pas vu mieux traité. Mémorable chez les fils des hommes, moitié saint, moitié pauvre pécheur, là M. Werther s'étale lui-même à nos yeux dans la gloire de la gravure. Cela prouve d'abord en faveur de son mérite, qu'avec des gestes pitoyables il brille dans toutes les foires, et se voit pendu dans les salles d'auberge. Chacun peut dire, en le montrant avec le bâton : «A l'instant, la balle va frapper le crâne.» Et chacun dit, buvant sa bière et mangeant son pain : «Dieu soit loué! Nous autres nous ne sommes pas morts!»

LE JEU DES PRÊTRES

Dans une ville où la parité[11] subsiste encore selon l'ordre antique, c'est-à-dire où catholiques et protestants s'accordent entre eux, et où chacun loue Dieu à sa manière, comme ont fait nos ancêtres, nous vivions, nous autres enfants luthériens, d'un peu de prêche et de chant ; mais le carillon des catholiques ne nous en plaisait que davantage, car tout cela était si beau, si bigarré, si amusant à voir !

Or, comme les singes, les hommes et les enfants sont nés pour l'imitation, nous inventâmes, pour passer le temps, un jeu par excellence, le jeu des prêtres. Pour l'habit de chœur, qui nous plaisait fort, nos sœurs donnèrent leurs tabliers ; des mouchoirs ornés de belles broderies furent transformés en étoles ; la mitre décora l'évêque, une mitre de papier doré avec forte bêtes.

Dans cet équipage, nous allions par la maison et le jardin, matin et soir, et nous répétions, sans ménagement, toutes les saintes cérémonies. Mais le meilleur nous manquait : nous le savions bien, il n'était rien de plus imposant qu'une belle sonnerie. La fortune nous fut favorable : une corde se trouva pendue au galetas. Nous sommes ravis, et, comme nous en faisons sur-le-champ la corde de la cloche, elle ne reste pas un moment en repos ; frères et sœurs tout à tour s'empressent ; l'un après l'autre est marguillier ; chacun veut y passer. La chose allait à merveilles, et, comme nous n'avions point de cloches, en tirant la corde, nous chantions *boum boum* !

Il était oublié, comme la plus vieille légende, cet innocent jeu d'enfants ; mais, ces derniers jours, il m'est revenu tout à coup à la mémoire. Les voilà bien, de toutes pièces, les poètes néocatholiques[12] !

---

[11] On désigne par cette expression latine (*paritas*) la loi qui règne dans la plupart des Etats d'Allemagne, où les deux cultes sont sur le pied de l'égalité (NDT).
[12] Fred. Schlegel, les deux Stolberg et d'autres (NDT).

Le plaisir

Elle voltige autour de la source, la libellule changeante ; elle me charme depuis longtemps ; tantôt sombre, tantôt brillante, comme le caméléon, et rouge et bleue et bleue et verte... Oh ! si je pouvais voir de près ses couleurs !

Elle bourdonne et voltige et jamais ne s'arrête. Mais, silence ! elle se pose sur les saules. Je la tiens ! je la tiens ! Cette fois je l'observe de près, et je vois un triste bleu foncé.

Voilà ce qu'on gagne à disséquer ses plaisirs.

Les poèmes

Les poèmes sont des vitraux coloriés. Si l'on regarde de la place publique dans l'église, tout est sombre et triste, et c'est ainsi que le voit monsieur le philistin : il peut donc être ennuyé et rester ennuyé toute sa vie.

Mais entrez seulement ! Saluez la Sainte-Chapelle ! Là tout est couleur et clarté ; histoire, ornements, brillent soudain ; une noble lumière agit avec force. Enfants de dieu, cela est fait pour vous ; que vos cœurs soient touchés et que vos yeux soient ravis.

La poésie

Dieu envoya à ses grossiers enfants l'ordre et la loi, la science et l'art, avec mission d'adoucir, par toutes les faveurs divines, le sort affreux de la race mortelle. Ils arrivèrent nus du ciel, et ne savaient comment se produire : la poésie les habilla, et ils n'eurent plus à rougir.

L'amour et Psyché

Les Neuf Sœurs prirent fantaisie d'enseigner aussi avec méthode à Psyché l'art des vers : la petite âme restait toute prosaïque ; la lyre ne trouvait nul accord touchant, même dans la plus belle nuit d'été ; Amour survint, avec ses regards et sa flamme : le professeur eut bientôt formé son élève.

EMBLÈME

Je cueillis naguère un bouquet dans la prairie, et je le portai en rêvant à la maison, mais la chaleur de ma main, avait fait pencher vers la terre toutes les corolles. Je les place dans un verre d'eau fraîche, et quelle merveille je vois ! Les jolies têtes se relèvent, tiges et feuilles reverdissent, et toutes aussi saines que si elles étaient encore sur le sol maternel.

Je ne fus pas moins émerveillé, lorsqu'un jour j'entendis mes vers dans une langue étrangère.

POUDRE AUX MOUCHES

Elle suce avidement la boisson perfide, sans s'arrêter, séduite par le premier trait ; elle se trouve bien, et dès longtemps les jointures des jambes délicates sont déjà paralysées. Elle n'est plus habile à nettoyer ses petites ailes ; elle n'est plus adroite à coiffer sa petite tête... La vie se perd dans la jouissance. Ses pieds à peine vont suffire à la soutenir, et toujours elle aspire, et, tandis qu'elle suce, la mort enveloppe d'un nuage ses mille prunelles.

AU BORD DE LA RIVIÈRE

Si tu habites au bord d'une large rivière, quelquefois elle baisse, elle cesse de couler ; puis, quand tu veux préserver tes prairies, elle les inonde ; c'est un bourbier.

Par un beau jour, les barques descendent, le pêcheur remonte avec précaution ; maintenant la glace presse cailloux et rochers ; le peuple des enfants est maître de la carrière.

Sache observer ces choses, et, cependant, accomplir toujours ce que tu veux. Il ne faut ni t'arrêter ni te presser : le temps marche avec mesure.

Le renard et la grue

Deux personnes fort différentes s'invitèrent à ma table. Pour l'heure, elles vivaient en paix : c'étaient le renard et la grue, dit la fable.

Je fis pour tous deux quelques apprêts ; je plumai d'abord les plus jeunes pigeons. Comme il était, lui, de l'espèce du chacal, je servis des raisins mûrs.

Puis, sans tarder, je plaçais vis-à-vis une bouteille au long col, où frétillaient dans l'eau claire des petits poissons d'or et d'argent.

Si vous aviez vu le renard dévorer tout le plat, vous auriez dit avec envie : « Quel appétit pour la bonne chère ! »

Cependant, l'oiseau circonspect se berçait sur un pied, et courbait joliment son col et son bec délicat, effilé, et pourchassait les poissonnets.

Au départ, ils me remercièrent avec joie, l'un des pigeons, l'autre, des poissons. Et l'un se moquait de l'autre, comme s'il avait soupé à la table du chat.

Veux-tu ne perdre ni ton sel ni ton beurre, quand tu te proposes de traiter les gens, il faut, selon les vieilles histoires, te régler sur le museau et sur le bec.

Le renard et le chasseur

Dans les buissons et le taillis, il est difficile d'atteindre les renards à la piste ; si le chasseur est d'accord avec le renard, il est impossible de le prendre.

Il y aurait ainsi maintes merveilles à exprimer comme A, B, AB, sur lesquelles présentement on se creuse la cervelle et l'on se rompt la tête.

Vocation de la cigogne

La cigogne, qui se nourrit de grenouilles et de vers au bord de notre étang, pourquoi fait-elle son nid sur le clocher, où elle n'est pas à sa place ?

Là elle craque et craquète sans cesse ; ennuyeuse musique ! Mais ni jeune ni vieux ne se hasardent à lui déranger son nid.

Comment donc, soit dit par révérence, peut-elle prouver son droit, si-non par sa louable tendance à fienter sur le toit de l'église !

Les grenouilles

Un étang se trouvait gelé : les pauvres grenouilles, perdues dans le fond, ne pouvaient plus coasser ni sauter ; mais elles se promirent, dans leur demi-rêverie, que, si une fois elles trouvaient là-haut de l'espace, elles chanteraient comme des rossignols. Un vent tiède souffla, la glace fondit, les grenouilles nagèrent et abordèrent fièrement, et s'accroupirent au loin sur la rive, et coassèrent comme auparavant.

La Noce

On faisait bombance au village ; c'était une noce, me dit-on. Je péné-trai dans la salle du cabaret : là tournaient tous les jeunes couples ; chaque fillette avec son galant. On y voyait maint visage amoureux. Je demande enfin quelle est la fiancée. Un danseur me regarde fixement. « Vous pou-vez le demander à un autre. Nous dansons à son honneur, nous dansons depuis trois jours et trois nuits, et personne encore n'a songé à elle. »

Qui observera autour de lui le train du monde recevra beaucoup de confidences pareilles.

Enterrement

On emportait une jeune fille à la sépulture : les bourgeois regardèrent par la fenêtre ; ils étaient à table en goguette ; mangeant leur patrimoine. Ils se dirent : « On l'emporte, bientôt on nous emportera de même, et qui restera le dernier au logis aura du bien et de beaux écus : ne faut-il pas qu'ils aient un maître ! »

Signes menaçants

Que madame Vénus se montre au couchant dans tout son éclat; ou qu'une comète sanglante apparaisse, comme une verge à travers les étoiles, le philistin court à la porte de son logis. «L'étoile est juste sur ma maison! Ô malheur! C'est trop fatal pour moi! crie-t-il avec angoisse à son voisin. «Ah! voyez de quels malheurs un signe me menace! Certainement, nous sommes perdus, pauvres gens que nous sommes. Ma mère est alitée, avec une mauvaise toux; mon enfant est souffrant de flatuosités et d'une mauvaise fièvre; ma femme, je le crains, va tomber aussi malade: voilà déjà huit jours qu'elle ne gronde; et tant d'autres choses que je pourrais dire! Voici, je le crains, la fin du monde!»

Le voisin dit: «Vous avez raison, je pense; cela va mal pour nous tous cette fois. Mais parcourons quelques rues, vous verrez comment sont situées les étoiles. Elles pronostiquent ici, elles pronostiquent là-bas. Que chacun reste sagement chez soi et fasse du mieux qu'il pourra, et souffre comme les autres.»

Les acheteurs

Vers la marchande de pommes accourent des enfants; tous veulent acheter. Le cœur joyeux, ils choisissent dans le monceau; avec désir ils contemplent de près et de plus près les pommes aux joues vermeilles. On leur en dit le prix, et ils les rejettent comme si elles étaient brûlantes.

Oh! qu'il trouverait d'acheteurs, celui qui voudrait donner la marchandise gratis!

Le village de la montagne

«Nous l'avons vu naguère réduit en cendres, le village de la montagne: voyez donc comme il s'est vite relevé! Tout est rebâti en planches et en bardeaux; les enfants emmaillotés dorment dans leurs berceaux. Qu'il est beau de se confier en Dieu!»

C'est un nouveau bûcher qu'on a construit, et, s'il plaisait au vent et aux étincelles, Dieu lui-même n'aurait pas beau jeu.

SYMBOLE

Au Vatican, le dimanche des Rameaux, on se sert de véritables palmes ; les cardinaux s'inclinent et chantent de vieilles hymnes ; ces hymnes, on les chante aussi en tenant dans les mains des rameaux d'olivier ; dans la montagne, il faut même employer le houx pour cet usage ; enfin, l'on veut un rameau vert, et l'on prend une branche de saule, afin que l'homme pieux exprime son adoration, même dans la plus humble forme. Et qui a bien pris les choses à cœur, on lui permet ces facilités, pourvu qu'il se fortifie dans la foi. Tout cela est mythologème.

TROIS PALINODIES

> L'encens n'est un tribut que pour les dieux :
> pour les mortels il est un poison.

1. — La fumée de ton sacrifice serait-elle donc importune aux dieux ? Tu te bouches le nez... Que dois-je craindre ? On estime l'encens plus que toute autre chose : qui ne peut le respirer ne doit pas l'offrir.

Le visage immobile, tu adores des poupées, et, si le nez du prêtre ne sent rien, le dieu est enrhumé.

QUERELLE DE L'ESPRIT ET DE LA BEAUTÉ.

2. — Le seigneur Esprit, qui mérite tout respect, et dont nous estimons hautement la faveur, apprend qu'on a eu l'audace de mettre la Beauté au-dessus de lui : aussitôt il fait grand bruit. Survient le seigneur Souffle, à nous connu de longue date, comme digne représentant de l'Esprit. Il commence, hélas ! peu galamment, par sermonner la friponne. Cela ne touche pas le moins du monde la tête légère. Elle court tout de suite au maître : « Vous êtes habile et sage, lui dit-elle : le monde n'est-il donc pas assez

grand ? Si vous faites le fier, je vous plante là ; mais, si vous êtes sage, vous m'aimerez. Soyez assuré que, de toute l'année, on ne verra pas un couple aussi joli.»

ALLOS

La Beauté eut de belles filles ; l'Esprit engendra des fils stupides. Ainsi, pendant quelques générations, l'Esprit ne fut pas permanent, mais bien la Beauté. L'esprit est toujours autochtone. Il revint donc, travailla, s'évertua et trouva, pour suprême récompense, la Beauté, qui lui rendit une vie nouvelle.

LA PLUIE ET L'ARC-EN-CIEL

3. – Après un violent orage et une grosse averse, voici venir un bourgeois qui, regardant les nues fugitives, disait à un de ses pareils : «Le tonnerre nous a fort effrayés, la foudre a frappé nos granges, et ç'a été le salaire de nos péchés. En revanche, la pluie féconde, rafraîchissement salutaire, nous a restaurés et comblés de biens pour l'automne prochain ; mais à quoi bon l'arc-en-ciel tendu sur ce fond noir ! On pourrait bien s'en passer. Trompeuse bigarrure ! vaine apparence !»

Madame Iris repartit : «Oses-tu bien m'insulter ? Cependant me voici déployée sur l'univers, comme témoignage d'un monde meilleur, pour les yeux qui, des sentiers de la terre, se lèvent avec confiance vers le ciel, et, dans le sombre réseau de l'obscurité, reconnaissent Dieu et sa loi. Va donc, comme un pourceau, fouiller sans cesse de ton boutoir dans la terre, et laisse le regard glorieux jouir avec délices de ma splendeur.»

LES ORIGINAUX

Comme j'entrais dans mon jardin, survinrent trois amis, même quatre. Je les invitai poliment, et leur dis qu'ils étaient les bienvenus, qu'au milieu du jardin, dans une salle riante, était justement servi un joli déjeuner.

Chacun trouve le jardin de son goût et s'y promène comme il veut. L'un se glisse dans les épais ombrages, l'autre grimpe aux treilles, son frère lorgnait là-haut les pommes, qu'il jugeait excellentes. Je dis qu'il y en avait de toutes fraîches cueillies, servies sur la table ronde, et qu'elles leur étaient offertes de bon cœur. Mais ils voulurent les cueillir eux-mêmes. Tous, jusqu'au dernier, s'éclipsèrent comme souris par la porte de derrière. Et moi, j'entrai dans la salle et je déjeunai tout seul.

CULTURE

«Qui vous a nourri et affermi dans les sentiers de la vie et de la science? Nous sommes chargés de vous le demander.»

Je n'ai jamais demandé de quelles bécasses, de quels faisans, de quels chapons et coqs d'Inde, j'avais engraissé ma petite panse.

De même, chez Pythagore, chez les meilleurs, j'ai pris place parmi les joyeux hôtes, et je fus toujours, à leur banquet de fête, non pas un intrus, mais un convive heureux.

L'UN COMME L'AUTRE

Le monde est une salade aux anchois; nous l'aimons tôt, nous l'aimons tard; des tranches de citron alentour, puis de petits poissons, de petites saucisses, enfin tout ce qui nage dans le vinaigre et l'huile, des câpres, fleurs futures... on avale tout de compagnie.

VALET[13]

J'étais autrefois l'ami des fous. Je les appelai dans mon logis: chacun apporta son chevron[14]; ils se prétendaient maîtres charpentiers; ils voulaient

---

[13] Allusion à un chant d'église, célèbre et populaire, qui fut composé par Valérius Herberger, pendant une peste qui suivit la Guerre de Trente ans. Ce sont des adieux au monde et à ses misères. *Valet* est ici le mot latin, de *valere*, bien se porter (NDE).
[14] Expression proverbiale, pour dire: «Chacun avait son grain de folie.» (NDT)

enlever mon toit, en construire un autre à la place, ils mettaient le bois en pile et l'enlevaient de nouveau.

Et ils couraient deçà et delà et se bourraient l'un l'autre : cela me saisit et j'en eus le frisson ; je dis : « A la porte les fous ! » Là-dessus ils se fâchèrent ; chacun prit son chevron ; l'adieu fut malhonnête.

Depuis lors je suis éclairé : je me tiens assis à la porte. Si quelqu'un vient à moi, je lui crie : « Va-t'en et ne reviens pas ! Tu es un horrible fou ! » Alors il prend une mine insolente : « Propriétaire abominable ! Pourquoi ces airs d'importance ? Nous folâtrons par les rues, nous faisons beau bruit sur la place, et bien rarement pour ses excès un de nous est conspué. Tu n'as pas un mot à nous dire. »

Et maintenant ma peine est finie ! Car, s'ils passent devant la porte, cela vaut mieux que dans la salle.

Un maître d'école de village

I. – Un maître d'école de village se leva un jour de son siège. Il avait résolu de se montrer dans une meilleure société : c'est pourquoi il se rendit aux bains dans le voisinage, et il entra dans ce qu'on nomme le salon. Il fut déconcerté dès l'entrée, comme à la vue d'un monde trop distingué. Il fait donc, à droite, au premier étranger une profonde révérence. Il n'y avait pas de mal à cela, mais il n'a pas prévu qu'autre part il se trouve aussi des gens, et il donne dans le ventre d'une personne à gauche un coup violent de son derrière. Il veut bien vite s'excuser auprès d'elle, et, comme il s'empresse de la saluer, il en heurte une autre à droite. Encore une personne offensée. Il lui demande aussi pardon et il en blesse une troisième. Il se tue à faire des excuses par devant et par derrière, d'un bout à l'autre du salon ; enfin un bourru se fâche et lui montre la porte.

Puissent certaines gens, dans leurs péchés, trouver l'application de cette histoire !

II. – Or, comme il suivait son chemin, il se dit en lui-même : « Je me suis fait trop petit ; je ne veux plus désormais me plier : car, qui se fait vert, les chèvres le mangent. » Aussitôt il chemine gaillardement, à travers champs, et non pas dans les pierres et les buissons, mais par les terres labourées et les grasses prairies. Il foulait tout de ses pieds traînants. Un propriétaire le rencontre, et ne lui demande ni pourquoi ni comment, mais lui donne vigoureusement sur les oreilles. «Merci! je crois renaître,» s'écrit notre promeneur enchanté. «Qui es-tu donc, ô toi qui me rends heureux! Dieu veuille toujours me bénir et faire que je rencontre d'aussi joyeux compères!»

La légende du fer à cheval

Au temps où Notre-Seigneur, obscur et méconnu, allait encore de lieu en lieu, entouré de nombreux disciples qui comprenaient bien rarement ses paroles, il aimait fort à rassembler les gens autour de lui dans les chemins, parce que, à la face du ciel, on parle toujours mieux et plus librement. Là il leur adressait, de sa bouche sacrée, les plus sublimes leçons, et, principalement par des paraboles et des exemples, il faisait un temple de chaque place publique.

Un jour, l'esprit calme et paisible, comme il gagnait avec eux une petite ville, il vit briller quelque chose sur la route: c'était un débris de fer à cheval. Là-dessus il dit à Saint-Pierre: «Ramasse-moi ce fer!» Saint-Pierre n'est pas bien disposé. Il venait de rêver un peu, chemin faisant, du gouvernement de ce monde, ce qui plaît fort à chacun; car, à ce sujet l'esprit se donne libre carrière. C'étaient là ses plus chères pensées. La trouvaille lui semblait donc beaucoup trop petite; c'était un sceptre et une couronne qui fallait trouver! Mais devait-il courber son échine pour une moitié de fer à cheval? Il s'écarte donc et fait comme s'il n'avait pas entendu.

Le Seigneur, toujours patient, ramasse lui-même le fer et n'en fait plus mention. Lorsqu'ils ont gagné la ville, il se présente à la porte d'un forgeron, et reçoit de l'homme trois deniers en échange. Et, comme ils traversent la place du marché, il y voit de belles cerises, en achète peu ou prou, bref, ce qu'on lui donne pour trois deniers, et, selon sa coutume, il les garde tranquillement dans un pli de sa robe.

Puis on sortit par l'autre porte, on chemina à travers des prés et des champs sans maisons; nul arbre n'ombrageait la route; le soleil brillait, la chaleur était grande, en sorte qu'en ce lieu on aurait payé cher un verre d'eau. Le Seigneur marche toujours en avant de tous les autres. Il laisse, à la dérobée, tomber une cerise; saint Pierre se jette dessus aussitôt, comme si c'était une pomme d'or: le petit fruit délecte son palais. Un instant après, le Seigneur jette par terre une autre cerise: saint-Pierre se baisse vite pour la saisir. Le Maître le laissa courber cent fois le dos pour ramasser les cerises. Cela dure longtemps. Ensuite le Seigneur dit avec sévérité : « Il fallait te remuer à propos : tu en aurais eu plus de facilité. Qui estime peu les petits choses se fatigue pour de plus petites. »

PENSÉES POÉTIQUES

SUR LA DESCENTE DE JÉSUS-CHRIST AUX ENFERS, ÉCRITES PAR J. W. G. SUR LA DEMANDE QUI LUI FUT FAITE (1765)[15.]

Quel tumulte inouï! Un cri de joie retentit dans les cieux; une grande armée passe avec magnificence; suivi de légions innombrables, le Fils de Dieu descend de ses trônes; il accourt dans ce sombre lieu. Il accourt, environné de tempêtes; il vient comme juge et comme héros; il marche et toutes les étoiles frémissent, le soleil tremble et tremble l'univers.

Je le vois sur le char de victoire, emporté par les roues de feu, celui qui pour nous mourut sur la croix. Il montre, même aux espaces reculés, loin du monde, loin des étoiles, la victoire qu'il remporta pour nous. Il vient pour détruire l'enfer, que déjà sa mort a terrassé. L'enfer entendra de lui son jugement. Écoutez, maintenant la malédiction s'accomplit.

L'enfer voit approcher le vainqueur; il se sent ravir sa puissance; il tremble et redoute son visage; il connaît l'effroi de son tonnerre, il cherche inutilement à se cacher; il cherche à fuir et ne le peut; il se hâte en vain de se sauver et de se soustraire à son juge: la colère du Seigneur, pareille à des chaînes d'airain, retient son pied, il ne peut fuir.

Ici est gisant le dragon écrasé; il est gisant et il éprouve la vengeance du Très-Haut; il l'éprouve et grince les dents de fureur; il sent tous les tourments de l'enfer; il gémit et hurle mille fois: «Anéantis-moi, ô fureur brûlante!» Il est gisant dans la mer de flammes; l'angoisse et la douleur le torturent éternellement. Il demande avec imprécations que ses tourments le consument, et on lui répond que ses tourments seront éternels.

Elles sont là aussi, ces grandes légions qui furent criminelles avec lui, mais beaucoup moins perverses. Ici est répandue l'innombrable multitude, noire, affreuse cohue, autour de lui dans l'ouragan de feu; il voit comme ils redoutent le juge; il voit comme l'orage les dévore; il le voit et ne peut s'en réjouir parce que son supplice est encore plus grand.

Le Fils de l'homme, en triomphe, descend dans le noir marais infernal et il y montre sa magnificence. L'enfer ne peut en soutenir l'éclat; depuis

---

[15.] Goethe avait alors seize ans. On estime que c'est tout ce qui reste d'un cahier de poésies de sa première jeunesse (NDT).

les premiers jours de sa création, il fut livré aux ténèbres, éloigné de toute lumière, plein de tourments dans le chaos ; Dieu a détourné de lui pour jamais la splendeur de sa face.

Maintenant l'enfer voit dans ses limites briller la gloire du Fils, sa redoutable majesté ; il le voit environné de foudres : il voit que tous les rochers tremblent, aussitôt que Dieu en courroux paraît devant lui ; il le voit qui s'approche pour le juger ; il sent la douleur qui le torture ; il souhaite en vain de s'anéantir ; cette consolation même lui est refusée.

Alors, il songe à son premier bonheur ; plein d'angoisse, il se rappelle le temps où cette splendeur faisait son plaisir ; où son cœur était encore dans l'état d'innocence, son esprit joyeux, dans sa vive jeunesse, et toujours plein de nouvelles délices. Il pense avec rage à son crime ; avec quelle audace il trompa les hommes. Il songeait à se venger de Dieu : maintenant, il sent quelle en fut la conséquence.

Dieu devint un homme ; il descendit sur terre. « Celui-là aussi sera ma victime, » dit Satan, et il se réjouit. Il essaya de perdre Jésus ; le Créateur des mondes allait périr : mais malheur à toi, Satan, pour l'éternité ! Tu croyais le vaincre, tu jouissais de sa détresse, et il vient triomphant pour t'enchaîner : ô mort, où est ton aiguillon ?

Parle, enfer, parle, où est ta victoire ? Vois comme tes forces succombent. Reconnaîtras-tu bientôt la force du Tout-Puissant ? Vois, Satan, vois ton empire détruit. Accablé de mille tourments, tu es enseveli dans les ténèbres éternelles. Te voilà comme frappé de la foudre ; pas une apparence de bonheur qui te réjouisse ! C'est en vain. Tu ne peux espérer. Le Messie n'est mort que pour moi.

Un hurlement monte à travers les airs. Soudain vacillent ces noirs abîmes, quand le Christ se montre aux enfers. Ils frémissent de rage, mais, cette rage, notre grand héros sait la dominer. Il fait un signe… tout l'enfer se tait. Le tonnerre roule devant sa voix ; il flotte, le haut étendard de victoire ; les anges eux-mêmes tremblent devant sa colère, quand le Christ s'avance pour le jugement.

Il parle : le tonnerre est son langage ; il parle, et tous les rochers se brisent ; son haleine est comme le feu. Il dit : « Tremblez, abominables ! Celui qui vous a maudits dans l'Eden vient abolir votre empire. Levez les yeux ! Vous étiez mes enfants ; vous vous êtes révoltés contre moi ; vous êtes tombés et devenus téméraires pécheurs ; vous avez la récompense qui vous est due.

«Vous êtes devenus mes plus grands ennemis; vous avez séduit mes amis les plus chers : les hommes tombèrent comme vous. Vous vouliez les perdre à jamais; ils devaient tous mourir de mort : hurlez, misérables ! Je les ai conquis pour moi. Pour eux je suis descendu sur la terre : j'ai souffert, j'ai prié, je suis mort pour eux. Vous n'atteindrez pas votre but : qui croit en moi ne meurt jamais.

«Ici vous êtes retenus dans d'éternelles chaînes ; rien ne peut vous sauver de la fournaise, ni repentir, ni témérité. Restez, courbez-vous dans les flammes de souffre ! Vous aviez hâte de vous damner vous-mêmes : eh bien, restez là et lamentez-vous jusqu'à l'éternité. Vous aussi, que je m'étais choisis, vous aussi, vous avez méprisé ma grâce ; vous aussi, soyez à jamais perdus. Vous murmurez ? Ne m'accusez pas.

«Vous deviez vivre éternellement avec moi; je vous en avais donné ma parole. Vous avez péché, et ne m'avez pas suivi; vous avez vécu dans le sommeil du péché : aujourd'hui le juste châtiment vous torture : vous sentez ma terrible justice.» Ainsi dit-il, et de lui s'élance une effroyable tempête; les éclairs brillent; la foudre saisit les malfaiteurs et les précipite dans l'abîme.

L'Homme-Dieu ferme les portes de l'enfer; il prend l'essor et il revient des lieux sombres, dans sa magnificence. Il s'assied à côté du Père; il veut toujours combattre pour nous; il le veut! Ô mes amis, quel bonheur! Les chœurs solennels des anges entonnent devant le grand Dieu des chants d'allégresse, afin que toute la création les entende. «Il est grand le seigneur, le Dieu des armées!»

LE JUIF ERRANT[16]

Je commence vers minuit; je saute à bas de mon lit comme un fou; jamais je ne sentis un plus vif désir de chanter l'éternel voyageur, témoin des merveilles sans nombre, qui, en dépit des moqueries frivoles des impies, arrivent dans notre Dieu incompris, en un seul point *per omnia tempora*. Et, quoique je n'aie pas le don des rimes faciles et bien polies, je ne

---

[16] Un fragment de l'introduction et un de la fin, avec quelques passages intermédiaires, voilà tout ce qui reste de cette épopée satirique, dans laquelle Goethe aurait décrit, sur le ton grave et familier tour à tour de Hans Sachs, la corruption des chrétiens et la nouvelle crucifixion du Sauveur (NDT).

dois pourtant pas différer : car il y a vocation et devoir, par conséquent. Et comme je te connais, cher lecteur, que de bon cœur j'appelle frère, tu aimes à changer de place et tu es assez paresseux : tu prendras bien aussi une rosse. Et moi, qui n'ai pas de barque pendant la nuit, je saurais prendre un manche à balai. Écoute donc, si cela te plaît, mon baragouin, comme l'Esprit me l'inspire.

En Judée, en terre sainte, il y avait une fois un cordonnier, bien connu pour sa piété, au plus mauvais temps de l'Église ; il était moitié essénien, moitié méthodiste, ermite, surtout séparatiste ; car il tenait beaucoup à la croix et aux tourments ; bref, il était original, et, par originalité, il ressemblait aux autres fous.

Les prêtres, il y a tant d'années, étaient comme ils furent toujours, et comme chacun devient enfin, quand on l'a revêtu d'un emploi. S'il était d'abord alerte comme une fourmi, prompt et frétillant comme un serpenteau, ensuite, en manteau et collet, il se dorlotera dans son fauteuil. Et je le jure sur ma vie, si l'on avait donné à saint Paul un évêché, le tapageur serait devenu un paresseux ventru comme *cæteri confratres* aussi.

Mais le cordonnier et ses pareils demandaient chaque jour des miracles et des signes, afin que le premier venu prêchât pour de l'argent, comme si l'Esprit l'avait inspiré. Ces gens hochaient la tête gravement sur les souffrances de Sion, alarmés de ce que, dans la chaire, hélas ! et à l'autel, il n'était point de Moïse, point d'Aaron ; de ce qu'il n'en allait pas autrement pour le service divin que si ce fût une chose comme une autre, qui, après le cours des temps, succombe desséchée en sa vieillesse.

« Malheur à la grande Babylone ! Seigneur, retranchez-la de votre terre, faites-la rôtir dans la fournaise, et, Seigneur, donnez-nous ensuite son trône ! » Ainsi chantait le petit troupeau ; ils se blottissaient, ils se partageaient les flammes de l'Esprit et celles de l'amour ; ils musaient et badaudaient : ils l'auraient fait tout aussi bien dans le temple. Mais le beau de l'affaire, c'est que chacun avait son tour, et, comme baragouinait et parlait son frère, il devrait aussi baragouiner après lui, car, à l'église, celui-là parle le premier et le dernier, qu'on a établi pour cela ; il vous endoctrine, et s'enfle d'orgueil, et vous lie, et vous délie, et il est pêcheur comme les autres, hélas ! et n'est pas même aussi éclairé.

. . . .

Le plus grand homme reste toujours un homme ; les plus grands esprits sont tout comme les autres, mais seulement ils le sont au rebours : ils ne veulent pas, comme les autres imbéciles, marcher sur leurs pieds : ils marchent sur leur tête ; ils méprisent ce que chacun respecte, et, ce qui révolte le sens commun, les sages naïfs le révèrent. Toutefois ils n'ont pas porté la chose trop loin ; en tout temps leur *non plus ultra* fut de blasphémer Dieu et de célébrer la fiente.

. . . .

Ils possèdent encore de nos jours le don de discerner les esprits ; le constance, le champagne et le bourgogne, et tous les crus, de Hochheim à Rudesheim[17].

. . . .

Les prêtres crièrent partout : « Voici, voici le dernier temps ; convertissez-vous, race coupable ! » Le Juif dit : « Je ne m'effraye point ; il y a si longtemps que j'entends parler du jugement dernier ! »

. . . .

Plusieurs avaient aussi connu le Père. Où sont-ils donc ? Eh ! on les a brûlés.

. . . .

O mon ami, l'homme n'est qu'un fou, s'il se représente Dieu comme semblable à lui.

Le Père était assis sur son trône ; il appela son cher Fils, et dut crier deux ou trois fois, et le Fils arrive en bronchant, tout à travers les étoiles et lui dit : « Qu'y a-t-il pour ton service ? » Le Père lui demande où il s'attarde. « J'étais dans l'étoile qui brille là-bas et j'aidais une femme à se délivrer de son enfant. » Le Père en fut très courroucé et dit : « Tu as agi sottement. Regarde un peu sur la terre ! Tout cela est bel et bon : tu as le cœur charitable, et tu aimes à secourir les affligés… »

. . . .

« Tu ne sens pas comme mon cœur est ému, quand une âme angoissée implore de moi son salut, quand je vois le pécheur avec des larmes brûlantes… »

. . . .

Lors donc qu'il prit son essor vers ces bas lieux, et qu'il vit de plus près le vaste globe et la mer et les terres, auprès et au loin, il se sentit soudain, ce

---

[17] Hochheim et Rudesheim, sur les bords du Rhin, produisent des vins renommés (NDT).

que ne lui était pas arrivé depuis longtemps, se réveiller en lui le souvenir des mauvais traitements qu'il avait endurés là-bas.

Il s'arrête au sommet de la montagne sur laquelle, en son premier séjour, l'ami Satan l'avait placé, et lui avait montré le monde entier et toute sa gloire.

Comme on vole vers une fillette qui longtemps a sucé notre sang, et enfin nous a perfidement trompés, il sent, au milieu de son voyage céleste, l'attrait de l'atmosphère terrestre ; il sent comme la plus pure félicité de ce monde renferme déjà un pressentiment de souffrance ; il songe à ce moment où ; de la douloureuse colline, il abaissa le dernier regard de mort, et commence à dire à part lui :

« O terre, je te salue mille fois ! Soyez bénis, vous tous, mes frères. Pour la première fois, depuis trois mille ans, mon cœur s'épanche de nouveau, et des larmes de joie coulent de mes yeux troublés. O ma race, que je soupire après toi ! Et toi, est-ce que tu m'implores avec tendresse, avec amour, du sein de ta détresse profonde ? Je viens, je veux avoir pitié de toi. O monde, où règnent la confusion la plus étrange, l'ordre intelligent, l'erreur languissante ; chaîne de plaisirs et de peines ; tu m'as enfanté moi-même, pour le tombeau, toi qu'en somme je ne puis trop comprendre, bien que j'aie assisté à la création : l'égarement d'esprit dans lequel tu flottais et dont tu sortis après ma venue, les désirs fallacieux dans lesquels tu frémissais, dont tu cherchais avec effort à te délivrer, et, délivré enfin, dans les liens desquels tu retombais ; voilà ce qui m'appelle de mon séjour étoilé, ce qui m'ôte le repos dans le sein de Dieu ; je viens pour la seconde fois ; je semai jadis et je veux moissonner maintenant. »

Il promène autour de lui des regards curieux ; il croit que ses yeux le trompent ; le monde lui semble encore de toutes parts plongé dans le même bourbier qu'à l'heure où, par un jour clair et brillant, l'esprit de ténèbres, le seigneur de l'ancien monde, le lui montra resplendissant aux rayons du soleil, et prétendit sans pudeur qu'il était le maître céans.

. . . .

« Où donc est-elle, s'écria le Sauveur, la vive lumière qui a jailli de ma parole ? Malheur ! je ne vois pas le fil si pur que mes mains ont filé du ciel en terre. Que sont-ils devenus, les martyrs fidèles qui étaient sortis de mon sang ? Hélas ! où s'est retiré l'Esprit que j'ai envoyé ? Son souffle, je le sens, est tout à fait perdu. Avec sa faim toujours dévorante, avec ses griffes recourbées, ses flancs desséchés et maudits, l'avarice n'est-elle pas à la piste du gain perfide ? N'abuse-t-elle pas de la joie insouciante du voisin dans la riche campagne, et n'enchaîne-t-elle pas dans ses entrailles arides l'aimable vie de la nature ? Ne vois-je pas le prince s'enfermer avec ses esclaves dans ce palais de marbre et nourrir lui-même dans son sein les loups qui mangeront ses brebis égarées ? Pour satisfaire ses caprices, il dévore la substance des peuples ; rassasié de biens, il consomme la nourriture des multitudes. En mon nom, un pauvre consacre au ventre le pain de ses enfants. Et j'ai honte de voir sur cette outre paresseuse le signe doré de mon supplice. »

. . . .

Il était rassasié des pays où tant de croix sont dressées, et dans lesquels, à force de croix et de Christs, on oublie et lui-même et sa croix. Il passa dans un pays voisin, où il se trouva, lui seul, étendard de l'Église, mais d'ailleurs on ne s'apercevait guère qu'il y eût un Dieu dans le pays. Aussi lui assure-t-on bientôt que le levain en a tout à fait disparu.

Il appréhende que le pain nourricier ne reste plat comme galette. Il discourut de la chose avec une brebis cléricale, qu'il rencontra sur le grand chemin, et qui avait au lit une femme impotente, beaucoup d'enfants, beaucoup de dîmes ; qui laissait ainsi Dieu en repos dans le ciel, pour se donner aussi un peu de bon temps. Notre-Seigneur voulut le tâter, et se mit à lui parler un peu de Christ. A cela, l'homme fut tout respect ; il ne restait presque jamais la tête couverte. Mais le Seigneur vit assez clairement que, pour cela, il n'était pas dans le cœur ; qu'il était dans le cerveau de l'homme, ainsi qu'une gravure à la cloison. Ils se trouvèrent bientôt si près de la ville, qu'on voyait distinctement les tours. « Ah ! dit notre homme, voici le lieu, le port sûr et tranquille de tous les désirs ; voici le trône central du pays : la justice et la religion expédient d'ici, cachetée comme l'eau de Seltz, leur influence à la ronde. »

Ils approchaient toujours davantage ; le Seigneur ne voyait là rien encore qui fût à lui. Sa confiance était faible, comme le jour qu'il approcha du figuier. Mais il voulut avancer encore, et le bien voir sous les branches. Ils arrivèrent ainsi sous la porte. Christ parut à ces gens un étranger à la figure noble, aux simples vêtements. Ils dirent : « Cet homme arrive de bien loin. » Le commis de la porte lui demande comment il s'appelle. Il répondit très humblement : « Enfants, je suis le Fils de l'homme, » et il s'éloigna d'un pas tranquille. Ses paroles eurent de la force en tout temps : le commis resta comme ébahi ; la garde ne sut que penser ; nul ne lui dit : « Quel est votre état ? » Il passa tout droit son chemin. Alors ils se demandèrent l'un à l'autre, lorsqu'ils voulurent rédiger le rapport : «Que disait-il de curieux, ce personnage ? Voulait-il peut-être se moquer de nous ? Il a dit qu'il était le Fils de l'homme.» Ils rêvèrent longtemps, mais tout à coup un caporal, buveur d'eau-de-vie, s'écria : «Pourquoi vous rompre la cervelle ? Peut-être son père s'appelait-il Homme !»

Christ dit ensuite à son compagnon : «Menez-moi chez l'homme de Dieu, que vous connaissez comme tel, et que vous nommez monsieur le premier pasteur.» Cela donna de l'humeur à monsieur le ministre : il n'était pas lui-même aussi haut placé. Son âme avait l'enveloppe si épaisse qu'il ne devinait pas avec qui il cheminait ; il n'en apercevait pas même la grosseur d'un petit pois. Cependant, il n'était point sans charité, et il se dit : «Tout afflue des alentours : il désire un viatique[18].»

Ils gagnèrent la maison du premier pasteur. Elle était encore absolument comme autrefois. La réformation a fait sa curée ; elle a pris aux prêtres maisons et métairies, pour y replanter des prêtres encore, qui, dans le fond, bavardent davantage et font moins de grimaces. Ils heurtèrent, ils sonnèrent, je ne sais pas exactement ce qu'ils firent. Bref, la cuisinière parut, laissa tomber de son tablier une tête de chou, puis elle dit : «Monsieur est au consistoire. Vous ne pouvez lui parler aujourd'hui.

— Où donc est le consistoire ? dit Jésus.

— Que vous servira-t-il qu'on vous le dise ? répliqua la cuisinière. Chacun n'y va pas comme cela.

— Je voudrais pourtant bien le savoir,» lui dit-il.

Elle n'eut pas la force de refuser ; car il savait toujours, comme autrefois, le chemin du cœur des femmes. Elle lui indiqua l'endroit, et il s'y rendit, comme vous le verrez bientôt.

---

[18] Quelques argent pour le voyage, une aumône (NDT).

LES MYSTÈRES

LES MYSTÈRES
(FRAGMENT [19])

On médite pour vous un chant merveilleux : écoutez avec joie et ap-
pelez tout le monde. La route passe à travers montagnes et vallons : ici la
vue est bornée, là elle est découverte ; et, si le sentier serpente doucement
dans les bocages, ne croyez pas que ce soit une erreur. Nous saurons bien,
quand nous aurons assez grimpé, approcher du but au bon moment.

Mais que nul n'imagine qu'avec tout son esprit, il s'expliquera jamais
la chanson jusqu'au bout. Bien des gens y gagneront beaucoup ; la terre

---

[19] Voici, en substance, les éclaircissements que Goethe lui-même a donnés. En 1816,
sur le plan général et le but de ce poème, composé vers 1783 et qu'il n'a pas achevé. Le
lecteur, près avoir été promené dans les montagnes, serait arrivé à des plaines ouvertes
et fertiles ; on aurait visité dans sa demeure chacun des moines chevaliers ; la diversité
des peuples et des climats aurait fait connaître que ces hommes excellents s'étaient
rassemblés de tous les coins du monde, pour adorer Dieu en secret, chacun à sa manière : dans cette retraite, les façons de penser et de sentir les plus diverses devaient
avoir pour représentants ces hommes d'élite, qui exprimaient dignement par la vie
commune le désir de la plus haute culture, bien qu'elle fût incomplète en chacun d'eux.
Dans ce but, il se sont groupés autour d'un homme appelé Humanus, vers lequel la
sympathie et quelques rapports les attirent les uns et les autres. Tout à coup ce médiateur se dispose à les quitter, et ils apprennent son histoire avec autant de surprise que
d'édification. Elle est racontée, non seulement par lui-même, mais aussi par chacun
des douze, qui l'ont tous connu en divers temps. Chaque religion en a eu son heure
d'épanouissement suprême, et s'est rapprochée alors de ce guide, de ce médiateur ; elle
s'est même identifiée avec lui. Ces époques se montrent comme incorporées dans les
douze représentants, si bien que toute profession de foi religieuse et morale, si étrange
que soit la forme, est digne d'amour et de respect. Aussi, après un long temps de vie
commune, Humanus peut-il se retirer, parce que son esprit s'est incarné dans tous ses
disciples, et n'a plus besoin de revêtir une forme corporelle particulière. Le lecteur,
promené ensuite en esprit dans tous les temps et tous les lieux, peut voir sous mille
formes les effets les plus heureux que produit l'amour de Dieu et des hommes, sans
aucun des abus qui rendent haïssables les religions dégénérées. L'action se passe dans le
carnaval, et le signe distinctif de la société est une croix entourée de roses, mais on pré-
voit qu'au départ d'Humanus, l'éternelle durée de la régénération sociale, scellée par le
jour de Pâques, se manifestera pour consoler les cœurs. Cependant pour qu'une si belle
alliance ne reste pas sans chef, une dispensation et une révélation miraculeuses élèvent
à cette dignité le pauvre pèlerin, le frère Marc, qui, sans avoir une vaste science, sans
aspirer à l'inaccessible, mérite par son humilité, son dévouement et son activité dans la
pieuse confrérie, de présider une société animée de sentiments si généreux (NDT).

féconde produit mille et mille fleurs; l'un s'en va d'ici le regard sombre; l'autre demeure avec une joyeuse contenance. Chacun doit jouir à sa guise; la source doit couler pour maint voyageur.

Lassé d'une longue journée de marche qu'il a entreprise par une impulsion supérieure, appuyé sur son bâton, à la manière des pieux pèlerins, frère Marc, délaissant chemins et sentiers, arrive, par une belle soirée, dans un vallon, pour demander quelque nourriture; plein de l'espérance qu'il trouvera, pour cette nuit, dans les profondeurs bocagères, un gîte hospitalier.

Au pied de la montagne escarpée qui se dresse devant lui, il croit voir les traces d'un chemin; il suit le sentier qui serpente, et, en montant, se replie autour des rochers; bientôt il se voit élevé au-dessus de la vallée; le soleil se remontre à lui gracieux et beau; et bientôt, avec une secrète joie, il voit près de lui le sommet devant ses yeux.

Et, à côté, le soleil, qui, sur son déclin, trône encore avec magnificence entre des nuages sombres. Il rassemble ses forces pour atteindre le sommet. Là il espère voir sa peine bientôt récompensée. «Alors, se dit-il à lui-même, alors nous saurons si des êtres humains habitent dans le voisinage.» Il monte, il écoute et il croit renaître: le bruit d'une cloche résonne à ses oreilles.

Et lorsqu'il est parvenu sur la plus haute cime, il voit une vallée prochaine, doucement inclinée. Son œil paisible brille de plaisir; car, devant le bois, il voit soudain, dans les prés verts, un bel édifice. Le dernier rayon de soleil l'éclaire justement. Il accourt, à travers les prairies que la rosée abreuve, au monastère qui brille devant lui.

Déjà il se voit tout près du lieu tranquille qui remplir son âme de paix et d'espérance, et, sur l'arceau de la porte fermée, il observe une mystérieuse image. Il s'arrête et réfléchit et murmure les paroles pieuses de la dévotion qui s'éveille dans son cœur; il s'arrête et se demande ce que cela signifie. Le soleil se couche et les sons s'évanouissent.

Il voit, érigé avec magnificence, le signe qui est la consolation et l'espoir de toute la terre, auquel des esprits sans nombre se sont engagés, que des cœurs sans nombre implorent avec ardeur, qui anéantit le pouvoir de la mort cruelle, qui flotte sur maints étendards victorieux; une source de rafraîchissements parcourt ses membres fatigués; il voit la croix et il baisse les yeux.

Il sent encore quelle source de salut de là s'est répandue; il sent la croyance de la moitié du monde ; mais il est saisi d'un sentiment tout nouveau, en voyant comme l'image se présente ici à ses yeux. Il voit la croix enlacée de roses. Qui donc associa les roses à la croix ? La couronne s'épanouit pour entourer moelleusement de toutes parts le bois raboteux.

De légers nuages d'argent se balancent, pour prendre l'essor avec la croix et les roses, et, du centre, s'épanouit une sainte gloire à trois rayons, qui partent d'un même point. Autour de l'image, aucune légende qui éclaircisse et révèle le secret. Dans le crépuscule qui devient toujours plus sombre, il s'arrête et médite et se sent édifié.

Il heurte enfin, quand les hautes étoiles abaissent sur lui les yeux étincelants. La porte s'ouvre, et on le reçoit les bras ouverts, les mains prêtes. Il dit d'où il est, de quelle distance l'envoient les ordres d'êtres supérieurs. On écoute, on admire ; on a fêté l'inconnu comme un hôte, on fête maintenant l'envoyé.

Chacun s'approche pour entendre aussi ; chacun est ému par une puissance secrète : pas un souffle n'ose interrompre l'hôte merveilleux, car chaque parole retentit dans le cœur. Ce qu'il raconte agit comme les profonds enseignements de la sagesse que publient les lèvres des enfants ; à la franchise, à l'innocence de ses manières, il semble un homme d'un autre monde.

« Bienvenu ! s'écrie enfin un vieillard ; bienvenu, si ta mission apporte la consolation et l'espérance. Tu le vois, nous sommes tous saisis, bien que ton aspect réveille nos âmes. La plus belle félicité, hélas ! nous est ravie ; nous sommes émus de soucis et de crainte. O étranger, c'est à une heure décisive que nos murs te reçoivent, afin de porter le deuil avec nous.

« Car, hélas ! l'homme qui nous unit tous ici, que nous reconnaissons comme père, comme ami, comme guide, qui alluma dans notre vie la flamme et le courage, dans peu de temps, il nous quittera pour jamais ; c'est tout récemment qu'il l'a déclaré lui-même ; mais il ne veut dire ni la façon ni l'heure, et par là son départ certain est pour nous plein de mystères et d'amères douleurs.

« Tu nous vois tous ici, les cheveux blancs, tels que la nature nous a conviés au repos ; nous n'avons reçu aucun homme à qui, dans ses jeunes années, le cœur ordonnait trop tôt de renoncer au monde. Lorsque nous eûmes éprouvé les plaisirs et les peines de la vie, que le vent eut cessé d'enfler nos voiles, il nous fut permis d'aborder ici avec honneur, dans l'assurance que nous avions trouvé le port tranquille.

«Le noble mortel qui nous a conduits dans ce lieu porte la paix de Dieu dans son cœur; je l'ai accompagné dans le sentier de la vie, et je connais bien les temps d'autrefois; les heures où il se prépare dans la solitude nous annoncent notre perte prochaine. Qu'est-ce que l'homme, qu'il puisse donner sa vie pour néant et non pour un meilleur que lui?

«Ce serait maintenant mon unique vœu! Pourquoi me faut-il y renoncer? Combien sont déjà partis avant moi! C'est lui dont je devrai déplorer plus douloureusement la perte. Avec quelle bienveillance il t'aurait accueilli! Mais il nous a remis la maison. Et quoiqu'il n'ait pas encore nommé son successeur, il est déjà séparé de nous en esprit.

«Il vient seulement chaque jour une petite heure; il nous fait des récits; il est plus ému qu'autrefois. Nous apprenons alors de sa propre bouche comme la Providence l'a merveilleusement conduit; nous écoutons attentivement, afin que l'exacte connaissance de ces faits soit conservée pour la postérité, jusque dans les moindres détails. Nous veillons aussi à ce qu'un de nous écrive avec soin, et que le souvenir de notre ami subsiste pur et vrai.

«J'aimerais mieux, je l'avoue, raconter moi-même bien des choses, que d'écouter en silence comme je fais: la plus petite circonstance ne saurait m'échapper; tout cela est encore vivant dans ma pensée; j'écoute, et je puis à peine dissimuler que je ne suis pas toujours satisfait. Si je viens une fois à discourir de toutes ces choses, les paroles de ma bouche les publieront avec plus d'éclat.

«Simple témoin, je conterais avec plus de détail et de liberté comment un génie le promit d'abord à sa mère; comment, à la fête de son baptême, une étoile se montra plus brillante au couchant; comment, les ailes déployées, un vautour s'abattit dans la cour près des colombes, et, sans frapper avec fureur, sans sévir comme à l'ordinaire, sembla les inviter doucement à la concorde.

«Ensuite il nous a tu modestement comment, dans son enfance, il dompta la vipère qu'il vit se glisser autour du bras de sa sœur et serrer étroitement l'enfant endormie. La nourrice s'enfuit et abandonna le nourrisson, et lui, il étrangla le reptile d'une main sûre. La mère survint, et, avec une joie frémissante, elle vit l'exploit de son fils et la délivrance de sa fille.

«Il ne dit pas non plus que, sous son épée, jaillit d'un aride rocher une source aussi forte qu'un ruisseau, qui, à flots pressés, serpenta de la montagne dans le vallon. Elle coule encore, aussi vive, aussi brillante qu'elle s'élança d'abord au-devant de lui. Et ses compagnons, qui virent de leurs yeux ce prodige, osèrent à peine étancher leur soif brûlante.

«Quand un homme a été élevé par la nature au-dessus des autres, ce n'est pas merveille que beaucoup de choses lui réussissent ; il faut célébrer en lui la puissance du Créateur qui appelle la faible argile à tant de gloire ; mais, quand un homme soutient la plus difficile des épreuves de la vie et se surmonte lui-même, alors on peut avec joie le montrer aux autres et dire : «Voilà ce qu'il est, voilà son propre !»

«Car toute force nous porte en avant, nous porte à vivre, à déployer çà et là notre action ; au contraire, le torrent du monde nous gêne et nous presse de tous côtés, et nous entraîne avec lui. Et cet orage au dedans et cette lutte au dehors apprennent à l'intelligence le sens de cette parole difficile à entendre : «Il se délivre de la puissance qui enchaîne tous les êtres, l'homme qui se surmonte lui-même.»

«Qu'il est jeune encore, quand son cœur lui apprit ce que chez lui j'ose à peine nommer vertu ; quand il sut respecter la sévère discipline de son père, et se montrer docile, alors que ce maître austère et rigoureux chargea les libres années de sa jeunesse d'un service auquel le fils se soumit avec joie, comme un enfant orphelin, sans asile, le fait par nécessité, pour un chétif salaire !

«Il dut suivre les guerriers en campagne, d'abord à pied, en bravant l'orage et le soleil ; soigner les chevaux, dresser la table, être au service de tout vieux soldat. Vite et volontiers, en tout temps il courait de jour et de nuit, portant les messages à travers les forêts, et, accoutumé de la sorte à ne vivre que pour les autres, il semblait ne se plaire qu'à la fatigue.

«Comme, dans la bataille, il ramassait avec une joyeuse audace les flèches qu'il trouvait par terre, courait ensuite cueillir lui-même les herbes avec lesquelles il pansait les blessés ! Ce qu'il touchait guérissait bientôt ; le malade voulait être soigné de sa main. Qui ne l'observait avec joie ! Et son père lui seul semblait ne point faire cas de lui.

«Léger, comme un navire à la voile, qui ne sent pas le poids de la cargaison et vole de port en port, il portait le fardeau des leçons paternelles ; l'obéissance en était le premier et le dernier mot, et, comme le plaisir entraîne l'enfant, et l'honneur le jeune homme, la volonté étrangère seule l'entraînait. Le père imaginait vainement de nouvelles épreuves, et, s'il voulait exiger, il était contraint de louer.

«Enfin, il se déclara aussi vaincu; il reconnut par ses actes le mérite de son fils; la rudesse du vieillard avait disparu; il lui donna soudain un cheval de prix; le jeune homme fut affranchi du petit service; au lieu du court poignard, il porta une épée, et, après ces épreuves, il entra dans un ordre auquel il avait droit par sa naissance.

«Je pourrais passer des jours à te conter encore des choses qui surprennent quiconque les entend. Sa vie sera certainement égalée un jour par les races futures aux plus admirables histoires; ce qui, dans les fables et les poèmes, paraît incroyable aux esprits et qui pourtant les charme, on peut ici l'entendre, et il faut bien se résoudre, doublement réjoui, à le recevoir comme vrai.

«Et tu me demandes comment s'appelle cet élu que s'est choisi l'œil de la Providence, que je louai souvent et jamais assez; à qui arrivèrent tant d'aventures incroyables! Il s'appelle Humanus, le saint, le sage, l'homme le meilleur que j'aie vu de mes yeux; et sa maison, comme disent les princes, tu la connaîtras en même temps que ses aïeux.»

Ainsi parla le vieillard, et il en aurait dit davantage, car il était plein de ces merveilles, et ce qu'il devait nous raconter nous aurait charmés bien des semaines encore, mais son discours fut interrompu au moment où son cœur s'épanchait le plus vivement avec son hôte. Les autres frères allaient et venaient, et finirent par le réduire au silence.

Et, après le repas, Marc, s'étant incliné devant le Seigneur et devant ses hôtes, demanda encore une coupe d'eau pure, qui lui fut aussi présentée. Puis ils le conduisirent dans la grande salle, où un étrange spectacle s'offrit à lui. Ce qu'il vit dans ce lieu ne doit pas être passé sous silence: je vous le décrirai fidèlement.

Là, nul ornement pour éblouir les yeux; une voûte d'arête s'élevait hardiment, et il vit rangés en ordre autour des murs, comme dans le chœur d'une église, treize sièges élégamment taillés par des mains habiles. Devant chacun se trouvait un petit pupitre. Là on se sentait disposé à la dévotion, on sentait le calme de la vie et la vie sociale.

Il vit aux murs treize écussons suspendus, car à chaque siège était assigné le sien. Ils ne semblaient point se prévaloir fièrement de leurs aïeux; chacun paraissait considérable et choisi; et frère Marc brûlait du désir de savoir le sens caché de ces figures. Au centre, il vit, pour la seconde fois, le signe de la croix avec des branches de roses.

Ici l'âme peut se figurer bien des choses; un objet distrait de l'autre, et des casques sont suspendus sur quelques écussons ; çà et là on voit aussi des lances et des épées ; des armes, comme on peut en ramasser sur les champs de bataille, décorent ce lieu : ici, des drapeaux et des armes de pays étrangers, et, si je vois bien, des liens aussi et des chaînes !

Chacun se prosterne devant son siège ; se frappe la poitrine, recueilli dans une prière muette ; de leurs lèvres s'exhalent des hymnes courts, dans lesquels se nourrit la joie pieuse ; puis les frères, fidèlement unis, se bénissent pour le court sommeil que ne trouble point la fantaisie. Tandis que les autres se retirent, Marc demeure, avec quelques-uns, en contemplation dans la salle.

Si fatigué qu'il soit, il désire de veiller encore, car mainte et mainte image l'attire puissamment : ici, il voit un dragon couleur de feu, qui apaise sa soif dans des flammes furieuses ; là, un bras dans la gueule d'un ours, d'où le sang coule à flots bouillonnants ; les deux écussons étaient suspendus à égale distance, à gauche et à droite de la croix aux roses.

« Tu t'engages dans de merveilleuses voies, lui dit encore le vieillard avec bonté. Que ces images te convient à demeurer jusqu'au moment où la vie de maint héros te sera connue. Ce que ces lieux recèlent ne se devine pas : il faut donc te le découvrir en confidence. Tu soupçonnes peut-être qu'on a souffert et connu et perdu ici bien des choses et ce que l'on a conquis.

« Mais ne crois pas que le vieillard te parle seulement des temps d'autrefois : il se passe encore ici bien des événements ; ce que tu vois est de plus en plus considérable et couvert tantôt d'un tapis tantôt d'une crêpe. Tu es libre, si cela te plaît, de te préparer : ô mon ami, tu n'as encore franchi que la première porte ; on t'a fait dans le vestibule une réception amicale, et tu me parais digne de pénétrer dans l'intérieur. »

Après un court sommeil dans une tranquille cellule, un sourd carillon éveille notre ami. Il saute à bas du lit avec une infatigable vivacité ; le fils du ciel suit l'appel de la dévotion. Vêtu à la hâte, il s'élance vers le seuil ; déjà son cœur vole à l'église, obéissant, paisible, sur les ailes de la prière ; il loquète à la porte, et la trouve fermée aux verrous.

Et, comme il prête l'oreille, à intervalles égaux, trois fois se répète un coup sur l'airain sonore : ce ne sont pas les coups de l'horloge ; ce n'est pas le bruit des cloches : un son de flûte s'y mêle de temps en temps ; cette musique étrange, et difficile à expliquer, s'anime de telle sorte qu'elle réjouit le cœur, sérieuse, engageante, comme si des couples heureux entrelaçaient leurs danses en chantant.

Il court à la fenêtre, pour contempler peut-être ce qui le trouble et le saisit merveilleusement ; il voit le jour poindre à l'orient lointain ; il voit sur l'horizon de légères vapeurs étendues. Et doit-il en croire ses yeux ?... Une lumière étrange se promène dans le jardin ; il voit trois jeunes gens armés de flambeaux, circuler, courir dans les allées.

Il voit distinctement briller leurs habits blancs, serrés au corps et de forme élégante ; il peut voir leurs chevelures bouclées, couronnées de fleurs, leur ceinture entourée de roses ; ils semblent venir de danses nocturnes, ranimés et embellis par leurs joyeuses fatigues. Ils courent, ils éteignent les flambeaux comme s'effacent les étoiles, et ils disparaissent dans le lointain.

Table des matières

GOETHE FRANC-MAÇON

DIEU ET LE MONDE

PARABOLES

PENSÉES POÉTIQUES

LES MYSTÈRES